Y TREIGLADUR

D1423916

Y TREIGLADUR

D. Geraint Lewis

GOMER

Argraffiad cyntaf - 1993
Adargraffwyd - 1994, 1996, 1999, 2003

ISBN 1 85902 480 7

(h) D. Geraint Lewis

Argraffwyd gan
Wasg Gomer, Llandysul, Ceredigion

CONTENTS

CYNNWYS

PREFACE
(to the Second edition)

This booklet started life as part of an introduction to *Geiriadur Gomer i'r Ifanc*, but in pursuing the rules of mutation, in particular the exceptions to those rules, this part of the introduction expanded beyond that which was appropriate for a dictionary for young people. It was suggested that there could well be a call for such a summary, and I'm grateful to Dyfed and Robina Elis-Gruffydd for every encouragement and useful suggestion.

I have relied heavily on standard texts, including: T. J. Morgan, *Y Treigladau a'u Cystrawen*, Gwasg Prifysgol Cymru; Stephen J. Williams, *A Welsh Grammar*, University of Wales Press; Morgan D. Jones, *Cywiriadur Cymraeg*, Gwasg Gomer; R. M. Jones, *Gloywi Iaith* (3 vols), Gwasg Prifysgol Cymru; Bruce Griffiths and Dafydd Glyn Jones, *The Welsh Academy English-Welsh Dictionary*, University of Wales Press; Peter Wynn Thomas, *Gramadeg y Gymraeg*, Gwasg Prifysgol Cymru. I have also profited from Professor Bedwyr Lewis Jones's series 'Gloywi Iaith' in *Y Faner* 1981-84 and Rhisiart Hincks's articles 'Cymraeg Glân Gloyw' in *Barn* 1989–as well as other most helpful suggestions from Mr Hincks. I'm grateful to friends who have read through the manuscript but must accept every remaining imperfection as my own.

I'm grateful to Gwasg Gomer for this opportunity to include additional material, and to rearrange the latter sections of the book into separate Welsh and English texts.

Llangwyryfon
May 1996

D. Geraint Lewis

DIOLCHIADAU
(yr Ailargraffiad)

Dechreuodd y llyfryn yma ei daith yn rhan o ragymadrodd *Geiriadur Gomer i'r Ifanc*, ond wrth olrhain y rheolau treiglo, yn arbennig yr eithriadau i'r rheolau hyn, tyfodd y testun y tu hwnt i'r hyn oedd yn addas i eiriadur pobl ifanc. Awgrymwyd gan gyfeillion y gallai fod galw am ymdriniaeth fel hon, ac rwy'n ddiolchgar i Dyfed a Robina Elis-Gruffydd am bob cefnogaeth i'r syniad.

Rhaid nodi fy nyled i weithiau safonol yn y maes: T. J. Morgan, *Y Treigladau a'u Cystrawen*, Gwasg Prifysgol Cymru; Stephen J. Williams, *Elfennau Gramadeg Cymraeg*, Gwasg Prifysgol Cymru; Morgan D. Jones, *Cywiriadur Cymraeg*, Gwasg Gomer; R. M. Jones, *Gloywi Iaith* (3 cyf.), Gwasg Prifysgol Cymru; Bruce Griffiths a Dafydd Glyn Jones, *Geiriadur yr Academi*, Gwasg Prifysgol Cymru; Peter Wynn Thomas, *Gramadeg y Gymraeg*, Gwasg Prifysgol Cymru. Elwais hefyd ar gyfres yr Athro Bedwyr Lewis Jones 'Gloywi Iaith' a ymddangosodd yn *Y Faner* 1981-84, a chyfres Rhisiart Hincks 'Cymraeg Glân Gloyw' yn *Barn* 1989-ac mae fy niolch yn fawr i Rhisiart Hincks am aml gymwynas arall. Diolchaf i gyfeillion sydd wedi darllen y llawysgrif a chynnig llawer o welliannau, ond fy eiddo i yw pob gwall a bai a erys.

Rwy'n ddiolchgar i Wasg Gomer am y cyfle i ychwanegu deunydd newydd at y testun, ac am gael ailwampio adrannau olaf y llyfryn yn destunau Cymraeg a Saesneg ar wahân.

Llangwyryfon   D. Geraint Lewis
Mai 1996

FOREWORD

One of the essential features of the Welsh Language is the manner in which the first letter of certain words mutates according to the circumstances in which it finds itself. Mutation takes place in English, e.g. when an American says 'dudy' for 'duty' or 'beaudiful' for 'beautiful' this is the Welsh *Treiglad Meddal*; or if he were to say 'innernational' for 'international', this is our *Treiglad Trwynol*. For historical reasons to do with the development of the language, these mutations take place at the beginning of words in Welsh as well as internally.

Native Welsh-speakers mutate words naturally without recourse to any rules or regulations, and it is interesting to see this process at work with borrowed words or more particularly borrowed sounds not indigenous to the language. For example 'chips' becomes *(fy) nhships i, dy jips* in the vernacular (although this has not been accepted into the conventions of written Welsh). However, it is not the purpose of this work to pursue the matter of mutations beyond the bounds of what is already well-established and accepted.

The main rules governing mutation may be found in any standard grammar, dictionary or learners' textbook, and these would be the natural starting point for a Welsh learner. What this booklet attempts is to look in more detail at some of these rules as they apply to contemporary Welsh, to note the exceptions–that are not always easily found–and to set this out in a brief but comprehensible way for an audience which may not be well-versed in the traditional conventions of grammar and analysis. The emphasis will be on what is acceptable in written Welsh, rather than on the variations that occur in the spoken language.

The ultimate authority on Welsh mutations is T. J. Morgan's magisterial work *Y Treigladau a'u Cystrawen*.

RHAGAIR

Rhan o athrylith yr iaith Gymraeg, ac un o'r pethau sy'n ei gwneud yn wahanol i ieithoedd eraill yw'r treigladau–y ffordd y mae dechrau rhai geiriau yn gallu newid dan amgylchiadau arbennig. Digwydd treigladau yn Saesneg, ond yng nghanol gair fel arfer; e.e. pan ddywed Americanwr 'dudy' am 'duty' neu 'beaudy' am 'beauty', dyma Dreiglad Meddal, neu os dywed yr un Americanwr 'innernational' yn lle 'international' dyma Dreiglad Trwynol. Am resymau hanesyddol yn ymwneud â datblygiad cynnar yr iaith, mae'r newid yma yn gallu digwydd ar ddechrau gair Cymraeg yn ogystal ag yn ei ganol.

Mae Cymry Cymraeg yn treiglo'n reddfol wrth siarad, a chlywir y reddf yma ar waith gyda synau newydd geiriau benthyg, e.e. *tships, fy nhships i; dy jips*–treigladau nad ydynt yn cael eu cydnabod yn yr iaith ysgrifenedig. Nid rhywbeth academaidd marw mo'r treigladau, ond rhywbeth sy'n perthyn i Gymraeg bob dydd, e.e. er mwyn gwybod y gwahaniaeth rhwng *saethodd dyn* a *saethodd ddyn; coes pren (brwsh)* a *coes bren (morwr); ei char, ei gar* ac *eu car*.

Er mai ymateb greddfol yw treiglo i Gymry Cymraeg, weithiau fe all amheuon godi, yn arbennig wrth ysgrifennu'r iaith. Cais sydd yma, i grynhoi'r prif reolau a'r eithriadau i'r rheolau hyn. Mae'r pwyslais ar yr hyn sy'n dderbyniol mewn Cymraeg ffurfiol ysgrifenedig, ac nid yw'n fwriad ymhelaethu ar arferion llafar. Nid oes dim yma nas ceir ynghyd â llawer mwy, yng nghyfrol gynhwysfawr, awdurdodol T. J. Morgan *Y Treigladau a'u Cystrawen*. Ond yr amcan yma yw canolbwyntio ar y cyfoes, nodi'r eithriadau amlycaf i'r rheolau cyffredinol, a gwneud hynny ar gyfer cynulleidfa nad yw erbyn hyn, efallai, mor gyfarwydd â'r termau gramadegol traddodiadol na dulliau dadansoddi brawddegau.

THE MUTATIONS

(radical) CYSEFIN	(soft) MEDDAL	(nasal) TRWYNOL	(aspirate) LLAES
C ci	**G** dy gi	**NGH** fy nghi	**CH** ei chi
P pen	**B** dy ben	**MH** fy mhen	**PH** ei phen
T tad	**D** dy dad	**NH** fy nhad	**TH** ei thad
G gardd	**Omit the 'G'** dy ardd	**NG** fy ngardd	**No Mutation** –
B brawd	**F** dy frawd	**M** fy mrawd	**No Mutation** –
D dosbarth	**DD** dy ddosbarth	**N** fy nosbarth	**No Mutation** –
LL llyfr	**L** dy lyfr	**No Mutation** –	**No Mutation** –
M mam	**F** dy fam	**No Mutation** –	**No Mutation** –
RH rhaglen	**R** dy raglen	**No Mutation** –	**No Mutation** –

Y TREIGLADAU

CYSEFIN	MEDDAL	TRWYNOL	LLAES
C ci	**G** dy gi	**NGH** fy nghi	**CH** ei chi
P pen	**B** dy ben	**MH** fy mhen	**PH** ei phen
T tad	**D** dy dad	**NH** fy nhad	**TH** ei thad
G gardd	**Colli'r 'G'** dy ardd	**NG** fy ngardd	**Dim Treiglad** –
B brawd	**F** dy frawd	**M** fy mrawd	**Dim Treiglad** –
D dosbarth	**DD** dy ddosbarth	**N** fy nosbarth	**Dim Treiglad** –
LL llyfr	**L** dy lyfr	**Dim Treiglad** –	**Dim Treiglad** –
M mam	**F** dy fam	**Dim Treiglad** –	**Dim Treiglad** –
RH rhaglen	**R** dy raglen	**Dim Treiglad** –	**Dim Treiglad** –

THE WORD LIST AND THE CHECK-LIST

Treiglad Llaes and *Treiglad Trwynol* are triggered by individual words, so too, many examples of *Treiglad Meddal*. There follows an alphabetical list of words which cause mutation.

However, *Treiglad Meddal* can also take place as a result of the particular grammatical role played by a word in the structure of a sentence. Following the alphabetical list is a list of rules pertaining to *Treiglad Meddal* and a summary of the rules found in the alphabetical listing.

EXCEPTIONS

In modern day Welsh there are some words which tend not to mutate, these include:

1.0 **Personal Names:** when starting a letter use *Annwyl Meinir, Annwyl Llinos, Annwyl Gwili.* Sometimes older Welsh names are mutated in speech and in works of an academic nature, however if in doubt, leave out.

2.0 **Non-Welsh place-names:** you go *i Beijing, i Biarritz* and *i Buckingham.* There is a little more latitude in the *Treiglad Trwynol* following *yn,* e.g. *ym Mharis* or, as in the title of the novel, *Arch ym Mhrâg.*

3.0 **Treiglad Meddal in loan words–especially those beginning with 'g':** *dwy gini am gêm o golff; poni* for example *y poni hon* and *mendio* as in *newydd mendio.* Note, however, *ei phoni hi; fy ngôl gyntaf yng ngêm gyntaf y tymor.*

Y RHESTR EIRIAU A'R RHEOLAU TREIGLO

Geiriau unigol arbennig sy'n achosi Treiglad Trwynol, y Treiglad Llaes a rhai achosion o'r Treiglad Meddal. Yn dilyn, ceir rhestr o eiriau sy'n achosi Treiglad, yn nhrefn yr wyddor.

Yn wahanol i'r ddau dreiglad arall, mae Treiglad Meddal yn gallu cael ei achosi gan swyddogaeth gair yng nghystrawen y frawddeg. Yn dilyn y rhestr eiriau, nodir y rheolau yn ymwneud â Threiglad Meddal ynghyd â chrynodeb o'r rheolau a geir yn y rhestr eiriau.

EITHRIADAU

Mae rhai mathau o eiriau nad ydynt, erbyn hyn, yn arfer cael eu treiglo, sef:

1.0 Enwau personol: defnyddiwch *Annwyl Meilir; Annwyl Llinos; Annwyl Gwili* ar ddechrau llythyr. Er bod rhai hen enwau Cymraeg yn cael eu treiglo ar lafar ac mewn gweithiau academaidd, os oes amheuaeth, gellir hepgor y treiglad.

2.0 Enwau lleoedd di-Gymraeg: yr ydych yn mynd *i Beijing, i Biarritz* ac *i Buckingham.* Ceir ychydig mwy o ryddid yn achos Treiglad Trwynol yn dilyn *yn,* e.e. *ym Mharis* neu deitl y nofel *Arch ym Mhrâg.*

3.0 Treiglad Meddal yn achos geiriau benthyg—yn arbennig rhai yn dechrau ag 'g': *dwy gini am gêm o golff,* hefyd *poni–y poni hon* a *mendio* fel yn *newydd mendio.* Ond sylwch *ei phoni hi; fy ngôl gyntaf yng ngêm gyntaf y tymor.*

WORDS CAUSING MUTATION

(The number in brackets refers to the rule with which this mutation complies in the 'Rules of Mutation' on pages 76-86)

Word	Part of Speech	Treiglad	Example
a	relative pronoun	meddal	*Yr asyn a welais.* Although sometimes omitted, the mutation stands: *Ai hwn yw'r un welaist ti?* (. . . yr un **a** welaist ti.)
a	interrogative particle	meddal	*A glywaist ti hi? A lanwodd ef y car?* Although sometimes omitted, the mutation stands *Glywaist ti hi?*
a	conjunction	llaes	*Ci a chath; drosodd a throsodd; gwych a phrydferth.*
â (37)	preposition	llaes	*Torrodd ei fys â chyllell; ymweld â Chaerdydd.*
â	conjunction	llaes	*Mor ysgafn â phluen; cyn drymed â phlwm.*
ail (74)	ordinal	meddal	*Yr ail ddyn a'r ail ferch.*
am (36)	preposition	meddal	*Am ddau o'r gloch rwy'n mynd am dro.*

GEIRIAU SY'N ACHOSI TREIGLAD

(Mae'r rhifau mewn cromfachau yn cyfeirio at y rheolau treiglo a geir ar dudalennau 60-69)

Gair	Rhan Ymadrodd	Treiglad	Enghraifft
a	rhagenw perthynol	meddal	*Yr asyn a welais.* Er iddo gael ei hepgor weithiau, erys y treiglad: *Ai hwn yw'r un welaist ti?* (... yr un **a** welaist ti.)
a	geiryn gofynnol	meddal	*A glywaist ti hi? A lanwodd ef y car?* Er iddi gael ei hepgor weithiau, erys y treiglad *Glywaist ti hi?*
a	cysylltair	llaes	*Ci a chath; drosodd a throsodd; gwych a phrydferth.*
â (37)	arddodiad	llaes	*Torrodd ei fys â chyllell; ymweld â Chaerdydd.*
â	cysylltair	llaes	*Mor ysgafn â phluen; cyn drymed â phlwm.*
ail (74)	trefnol	meddal	*Yr ail ddyn a'r ail ferch.*
am (36)	arddodiad	meddal	*Am ddau o'r gloch rwy'n mynd am dro.*

Word	Part of Speech	Treiglad	Example
ambell (1)	adjective	meddal	*Ambell waith.*
aml (1)	adjective	meddal	*Aml dro.*
amryfal (1)	adjective	meddal	*Amryfal ganu.*
amryw (1)	adjective	meddal	*Amryw ferched.* Followed by the plural
annwyl (1)	adjective	meddal	*F'annwyl fam.*
ar (36)	preposition	1. meddal 2. 'h' before 'ugain'	*Gorweddodd ar wely.* *Un ar hugain.*
at (36)	preposition	meddal	*Dillad at waith.* *Ewch at feddyg nawr!*
beth	pronoun	meddal	*Holwch beth ddigwyddodd.* Due to the omission of the relative pronoun 'a', i.e. *beth a ddigwyddodd* ...
brith (1)	adjective	meddal	*Brith gof.*
bu	verb	meddal 'byw' 'marw' 'rhaid'	*Bu fyw am bum mlynedd.* *Bu farw ddoe.* *Bu raid iddo fynd.*

Gair	Rhan Ymadrodd	Treiglad	Enghraifft
ambell (1)	ansoddair	meddal	*Ambell waith.*
aml (1)	ansoddair	meddal	*Aml dro.*
amryfal (1)	ansoddair	meddal	*Amryfal ganu.*
amryw (1)	ansoddair	meddal	*Amryw ferched.* Y lluosog sy'n ei ddilyn
annwyl (1)	ansoddair	meddal	*F'annwyl fam.*
ar (36)	arddodiad	1. meddal 2. 'h' o flaen 'ugain'	*Gorweddodd ar wely.* *Un ar hugain.*
at (36)	arddodiad	meddal	*Dillad at waith.* *Ewch at feddyg nawr!*
beth	rhagenw	meddal	*Holwch beth ddigwyddodd.* Oherwydd bod '**a**', y rhagenw perthynol, yn dddealledig, ... *beth a* ...
brith (1)	ansoddair	meddal	*Brith gof.*
bu	berf	meddal 'byw' 'marw' 'rhaid'	*Bu fyw am bum mlynedd.* *Bu farw ddoe.* *Bu raid iddo fynd.*

Word	Part of Speech	Treiglad	Example
can (72)	numeral	trwynol 'blwydd' 'blynedd' *diwrnod	*Can mlwydd oed.*
canfed (10)	feminine ordinal nouns	meddal feminine	*Y ganfed waith,* but *y canfed tro.*
cas	adjective	meddal	*Un o'm cas bethau yw . . .*
'co	spoken form of 'dacw'	meddal	*'Co fabi pert!*
cryn (1)	adjective	meddal	*Cryn dipyn o arian. Mae cryn bryder yn y pentref.*
cwbl (1)	adverb	meddal	*Mae hi'n gwbl ddall.*
cwta (1)	adjective	meddal	*Cwta bum munud yn ôl.*
cyfryw (16)	adjective	meddal	*Y cyfryw rai. Y cyfryw ferch.* (see note)
cyn	adverbial particle	meddal except *ll, rh*	*Cyn lased â'r môr. Cyn lleied â'r dryw.*
cyn	preposition	**no mutation**	*Un bach cyn mynd.*
cyntaf (73)	feminine ordinal	meddal feminine nouns	*Y gyntaf wraig,* but *y cyntaf gŵr.* (Unusual construction)

*It is no longer common practice to apply Treiglad Trwynol to 'diwrnod'

Gair	Rhan Ymadrodd	Treiglad	Enghraifft
can (72)	rhifol	trwynol 'blwydd' 'blynedd' *diwrnod	*Can mlwydd oed.*
canfed (10)	trefnol benywaidd	meddal enw benywaidd	*Y ganfed waith*, ond *y canfed tro.*
cas	ansoddair	meddal	*Un o'm cas bethau yw . . .*
'co	ffurf lafar ar 'dacw'	meddal	*'Co fabi pert!*
cryn (1)	ansoddair	meddal	*Cryn dipyn o arian. Mae cryn bryder yn y pentref.*
cwbl (1)	adferf	meddal	*Mae hi'n gwbl ddall.*
cwta (1)	ansoddair	meddal	*Cwta bum munud yn ôl.*
cyfryw (16)	ansoddair	meddal	*Y cyfryw rai. Y cyfryw ferch.* (gw. nodyn)
cyn	geiryn adferfol	meddal, ac eithrio *ll, rh*	*Cyn lased â'r môr. Cyn lleied â'r dryw.*
cyn	arddodiad	**dim treiglad**	*Un bach cyn mynd.*
cyntaf (73)	trefnol benywaidd	meddal enwau benywaidd	*Y gyntaf wraig*, ond *y cyntaf gŵr.* (Cystrawen anarferol)

*Nid yw'n arfer erbyn heddiw i dreiglo 'diwrnod' yn drwynol

Word	Part of Speech	Treiglad	Example
cystal (1)	adjective (Equative)	**no mutation**	*Cystal dyn; cystal merch.*
chwe (67-70)	numeral	llaes nouns	*Chwe chath.* *Chwe blynedd or chwe mlynedd*
chweched (10)	feminine ordinal	meddal feminine nouns	*Y chweched gath,* but *y chweched ci.*
dacw: 'co	adverb	meddal	*Dacw dŷ a dacw dân.*
dan (36)	preposition	meddal	*Gweithgareddau dan do.* *Awn dan ganu.*
dau (56, 57)	numeral	meddal	*Dau ddyn. Y ddau ddu.* *Can* as in *dau can mlwyddiant; dau can mlynedd* is an exception.
degfed (10)	feminine ordinal	meddal feminine nouns	*Y ddegfed bunt,* but *y degfed papur.*
deng (67)	numeral	1. trwynol 'blwydd' 'blynedd' *diwrnod 2. meddal 'gwaith'	*Deng mlynedd.* *Dengwaith.*
deuddegfed (10)	feminine ordinal	meddal feminine nouns	*Y ddeuddegfed flwyddyn,* but *y deuddegfed dydd.*

*It is no longer common practice to apply Treiglad Trwynol to 'diwrnod'

Gair	Rhan Ymadrodd	Treiglad	Enghraifft
cystal (1)	ansoddair (Cymharol)	**dim treiglad**	*Cystal dyn; cystal merch.*
chwe (67 - 70)	rhifol	llaes enwau	*Chwe chath.* *Chwe blynedd neu chwe mlynedd*
chweched (10)	trefnol benywaidd	meddal enwau benywaidd	*Y chweched gath,* but *y chweched ci.*
dacw: 'co	adferf	meddal	*Dacw dŷ a dacw dân.*
dan (36)	arddodiad	meddal	*Gweithgareddau dan do.* *Awn dan ganu.*
dau (56, 57)	rhifol	meddal	*Dau ddyn. Y ddau ddu.* *Mae can yn dau can mlwyddiant; dau can mlynedd yn eithriad.*
degfed (10)	trefnol benywaidd	meddal enwau benywaidd	*Y ddegfed bunt,* ond *y degfed papur.*
deng (67)	rhifol	1. trwynol 'blwydd' 'blynedd' *diwrnod 2. meddal 'gwaith'	*Deng mlynedd.* *Dengwaith.*
deuddegfed (10)	trefnol benywaidd	meddal enw benywaidd	*Y ddeuddegfed flwyddyn,* ond *y deuddegfed dydd.*

*Nid yw'n arfer erbyn heddiw i dreiglo 'diwrnod' yn drwynol

Word	Part of Speech	Treiglad	Example
deuddeng (72)	numeral	1. trwynol 'blwydd' 'blynedd' *diwrnod	*Deuddeng mlynedd.*
		2. meddal 'gwaith'	*Deuddengwaith.*
deugain (72)	numeral	trwynol 'blwydd' 'blynedd' *diwrnod	*Deugain niwrnod.*
deunaw (72)	numeral	trwynol 'blwydd' 'blynedd' *diwrnod	*Deunaw mlynedd.*
deunawfed (10)	feminine ordinal	meddal feminine nouns	*Y ddeunawfed raglen,* but *y deunawfed dyn.*
digon	adverb	**no mutation**	*Digon da; digon drwg.*
dros (36)	preposition	meddal	*Roedd dros gant yno.* *Swydd dros dro.*
drwy	see **trwy**		
dwy (58-59)	numeral	meddal	*Dwy raff. Y ddwy dew.*
dy	personal pronoun	meddal	*Dy dŷ du di.* *Rwy'n dy weld di.*
dyma	adverb	meddal	*Dyma long hardd.*
dyna	adverb	meddal	*Dyna raff hir.*

*It is no longer common practice to apply Treiglad Trwynol to 'diwrnod'

Gair	Rhan Ymadrodd	Treiglad	Enghraifft
deuddeng (72)	rhifol	1. trwynol 'blwydd' 'blynedd' *diwrnod 2. meddal 'gwaith'	*Deuddeng mlynedd.* *Deuddengwaith.*
deugain (72)	rhifol	trwynol 'blwydd' 'blynedd' *diwrnod	*Deugain niwrnod.*
deunaw (67)	rhifol	trwynol 'blwydd' 'blynedd' *diwrnod	*Deunaw mlynedd.*
deunawfed (10)	trefnol benywaidd	meddal enw benywaidd	*Y ddeunawfed raglen,* ond *y deunawfed dyn.*
digon	adferf	**dim treiglad**	*Digon da; digon drwg.*
dros (36)	arddodiad	meddal	*Roedd dros gant yno.* *Swydd dros dro.*
drwy	gw. **trwy**		
dwy (58-59)	rhifol	meddal	*Dwy raff. Y ddwy dew.*
dy	rhagenw personol	meddal	*Dy dŷ du di.* *Rwy'n dy weld di.*
dyma	adferf	meddal	*Dyma long hardd.*
dyna	adferf	meddal	*Dyna raff hir.*

*Nid yw'n arfer erbyn heddiw i dreiglo 'diwrnod' yn drwynol

25

Word	Part of Speech	Treiglad	Example
efallai (34)	adverb	meddal 'bod' (see note)	*Efallai fod popeth yn iawn.*
efo	preposition	**no mutation**	*Mynd efo cariad John.*
ei (her)	personal pronoun	1. llaes 2. 'h' before a vowel	*Ei chi hi. Mae'n ei charu.* *Ei hewythr hi.*
ei (his)	personal pronoun	meddal	*Ei gath ef.* *Rwy'n ei garu.*
eich	personal pronoun	**no mutation** **no 'h'**	*Eich cath; eich athro.*
eilfed	ordinal	meddal all nouns	*Yr un deg eilfed fachgen* *Yr un deg eilfed ferch.*
ein	personal pronoun	'h' before a vowel	*Ein hathrawes ni.* *Maen nhw'n ein haddoli.*
eithaf	adverb	**no mutation**	*Eithaf da; eithaf peth.*
er	preposition	**no mutation**	*Er gwaethaf; er cystal.*
erbyn	preposition	**no mutation**	*Erbyn tri o'r gloch.*
ers	preposition	**no mutation**	*Ers tri mis.*
eu	personal pronoun	'h' before a vowel	*Eu hathro nhw. Does dim yn eu hesgusodi nhw.*
y fath (math)	feminine noun	meddal	*Y fath le.*

26

Gair	Rhan Ymadrodd	Treiglad	Enghraifft
efallai (34)	adferf	meddal 'bod' (gw. nodyn)	*Efallai fod popeth yn iawn.*
efo	arddodiad	**dim treiglad**	*Mynd efo cariad John.*
ei (hi)	rhagenw personol	1. llaes 2. 'h' o flaen llafariad	*Ei chi hi. Mae'n ei charu.* *Ei hewythr hi.*
ei (ef)	rhagenw personol	meddal	*Ei gath ef.* *Rwy'n ei garu.*
eich	rhagenw personol	**dim treiglad** **dim 'h'**	*Eich cath; eich athro.*
eilfed	trefnol	meddal pob enw	*Yr un deg eilfed fachgen* *Yr un deg eilfed ferch.*
ein	rhagenw personol	'h' o flaen llafariad	*Ein hathrawes ni.* *Maen nhw'n ein haddoli.*
eithaf	adferf	**dim treiglad**	*Eithaf da; eithaf peth.*
er	arddodiad	**dim treiglad**	*Er gwaethaf; er cystal.*
erbyn	arddodiad	**dim treiglad**	*Erbyn tri o'r gloch.*
ers	arddodiad	**dim treiglad**	*Ers tri mis.*
eu	rhagenw personol	'h' o flaen llafariad	*Eu hathro nhw. Does dim yn eu hesgusodi nhw.*
y fath (math)	enw benywaidd	meddal	*Y fath le.*

Word	Part of Speech	Treiglad	Example
fawr	adjective	1. meddal 2. **no mutation** before comparative degree of adjective	*Fawr ddim.* *Fawr gwell; fawr gwaeth.*
fe	preverbal particle	meddal	*Fe ddaeth o'r diwedd.*
fesul	preposition	**no mutation**	*Rhannwch nhw fesul tri.*
fy	personal pronoun	trwynol	*Fy ngeneth lân.* *Mae'n fy ngweld.*
y ffasiwn (1)	adjective	meddal	*Y ffasiwn beth.*
ffug (1)	adjective	meddal	*Ffug lun.*
gan (36)	preposition	meddal Exception:	*Llyfr gan ddyn doeth.* *Gan mwyaf.*
gau (1)	adjective	meddal	*Gau broffwydi.*
go	adverb	meddal Exception: *ll* after *yn go*	*Go dda, wir!* *Yn go llawn.*
gorau (1)	adjective (Superlative)	**no mutation** Exception: feminine noun	*Gorau gŵr.* *Gorau ferch.*
goruchaf (1)	adjective (Superlative)	**no mutation**	*Goruchaf Duw.*

Gair	Rhan Ymadrodd	Treiglad	Enghraifft
fawr	ansoddair	1. meddal 2. **dim treiglad** o flaen gradd gymharol ansoddair	*Fawr ddim.* *Fawr gwell; fawr gwaeth.*
fe	geiryn rhagferfol	meddal	*Fe ddaeth o'r diwedd.*
fesul	arddodiad	**dim treiglad**	*Rhannwch nhw fesul tri.*
fy	rhagenw personol	trwynol	*Fy ngeneth lân.* *Mae'n fy ngweld.*
y ffasiwn (1)	ansoddair	meddal	*Y ffasiwn beth.*
ffug (1)	ansoddair	meddal	*Ffug lun.*
gan (36)	arddodiad	meddal Eithriad:	*Llyfr gan ddyn doeth.* *Gan mwyaf.*
gau (1)	ansoddair	meddal	*Gau broffwydi.*
go	adferf	meddal Eithriad: *ll* ar ôl *yn go*	*Go dda, wir!* *Yn go llawn.*
gorau (1)	ansoddair (Eithaf)	**dim treiglad** Eithriad: enw benywaidd	*Gorau gŵr.* *Gorau ferch.*
goruchaf (1)	ansoddair (Eithaf)	**dim treiglad**	*Goruchaf Duw.*

Word	Part of Speech	Treiglad	Example
gwaeth (1)	adjective (Comparative)	**no mutation**	*Yn waeth diwrnod na ddoe.*
gwahanol (1)	adjective	meddal	*Gwahanol bobl.*
gweddol	adverb	meddal	*Gweddol dda.*
gwell (1)	adjective (Comparative)	**no mutation**	*Gwell tywydd yfory.*
gwir (1)	adjective	meddal	*Y Gwir Barchedig T.H.E.*
gwirioneddol (1)	adjective	meddal	*Yn wirioneddol wych.*
gyda (37)	preposition	llaes Exception: *ti*	*Eisteddais gyda thad John.* *Gyda ti.*
hanner	noun	**no mutation**	*Nid wyf hanner da.*
heb	preposition	meddal	*Heb dân; heb laeth.*
hen (1)	adjective	meddal	*Hen ddyn; hen wraig.*
holl (1)	adjective	meddal	*Yr holl drafferth.*
hollol (1)	adjective	meddal	*Yn hollol wir.*
hybarch (1)	adjective	meddal	*Hybarch Dad.*

Gair	Rhan Ymadrodd	Treiglad	Enghraifft
gwaeth (1)	ansoddair (Cymharol)	**dim treiglad**	*Yn waeth diwrnod na ddoe.*
gwahanol (1)	ansoddair	meddal	*Gwahanol bobl.*
gweddol	adferf	meddal	*Gweddol dda.*
gwell (1)	ansoddair (Cymharol)	**dim treiglad**	*Gwell tywydd yfory.*
gwir (1)	ansoddair	meddal	*Y Gwir Barchedig T.H.E.*
gwirioneddol (1)	ansoddair	meddal	*Yn wirioneddol wych.*
gyda (37)	arddodiad	llaes Eithriad: *ti*	*Eisteddais gyda thad John.* *Gyda ti.*
hanner	enw	**dim treiglad**	*Nid wyf hanner da.*
heb	arddodiad	meddal	*Heb dân; heb laeth.*
hen (1)	ansoddair	meddal	*Hen ddyn; hen wraig.*
holl (1)	ansoddair	meddal	*Yr holl drafferth.*
hollol (1)	ansoddair	meddal	*Yn hollol wir.*
hybarch (1)	ansoddair	meddal	*Hybarch Dad.*

Word	Part of Speech	Treiglad	Example
hyd (36)	preposition	meddal	*Eisteddwch hyd ddiwedd y wers.*
hyd oni	see **oni**		
i (36)	preposition	meddal	*Rwy'n mynd i Landeilo.*
'i (her)	infixed personal pronoun	1. llaes (genitive) 2. 'h' before a vowel 3. **no mutation** when object	*Hi a'i chi.* *Hi a'i hesgusodion.* *Ti a'i hanfonodd hi.* *Ai ti a'i clywodd hi?*
'i (his)	infixed personal pronoun	1. meddal (genitive) 2. **no mutation** as object, but 'h' before vowel	*Ef a'i dad.* *Ai chi a'i gwelodd?* *John a'i hanfonodd ef.*
llawer	adjective	**no mutation**	*Llawer gwaith.*
llawn (1)	adjective	1. meddal as 'full' or fully Exception: 2. **no mutation** as 'full of'	*Wedi cyrraedd ei llawn dwf.* *Llawn llathen.* *Llawn tân.*
llawn	adverb	**no mutation**	*Llawn digon.*
lled	adverb	meddal Exception: *ll* following *yn lled*	*Lled rwydd; lled lawn.* *Yn lled llawn.*
llwyr	adverb	meddal	*Nid wyf wedi llwyr wella.*

Gair	Rhan Ymadrodd	Treiglad	Enghraifft
hyd (36)	arddodiad	meddal	*Eisteddwch hyd ddiwedd y wers.*
hyd oni	gw. **oni**		
i (36)	arddodiad	meddal	*Rwy'n mynd i Landeilo.*
'i (hi)	rhagenw mewnol	1. llaes (genidol) 2. 'h' o flaen llafariad 3. **dim treiglad** fel gwrthrych	*Hi a'i chi.* *Hi a'i hesgusodion.* *Ti a'i hanfonodd hi.* *Ai ti a'i clywodd hi?*
'i (ef)	rhagenw mewnol	1. meddal (genidol) 2. **dim treiglad** fel gwrthrych; 'h' o flaen llafariad	*Ef a'i dad.* *Ai chi a'i gwelodd?* *John a'i hanfonodd ef.*
llawer	ansoddair	**dim treiglad**	*Llawer gwaith.*
llawn (1)	ansoddair	1. meddal pan olyga 'eithaf' Eithriad: 2. **dim treiglad** fel 'yn llawn o'	*Wedi cyrraedd ei llawn dwf.* *Llawn llathen* *Llawn tân.*
llawn	adferf	**dim treiglad**	*Llawn digon.*
lled	adferf	meddal Eithriad: *ll* yn dilyn *yn lled*	*Lled rwydd; lled lawn.* *Yn lled llawn.*
llwyr	adferf	meddal	*Nid wyf wedi llwyr wella.*

33

Word	Part of Speech	Treiglad	Example
'm	infixed personal pronoun	'h' before a vowel	*Fy nhad a'm hewythr.* *Siân a'm hanfonodd i.*
math	see (y) fath		
mawr	see fawr		
megis	preposition	**no mutation**	*Aeth mis megis diwrnod.*
mi	preverbal particle	meddal	*Mi wellaf pan ddaw'r gwanwyn.*
milfed (10)	feminine ordinal	meddal nouns	*Y filfed ferch,* but *y milfed bachgen.*
mo	abbreviation of 'dim o'	meddal nouns	*Wela i mo gyllell Dewi yn y sied.*
mor	adverb	meddal Except: *ll, rh*	*Mor ddrwg. Mor llawn.* *Mor rhad.*
mwy (1)	adjective (Comparative)	**no mutation**	*Yn fwy tawel.*
mwyaf (1)	adjective (Superlative)	**no mutation**	*Y mwyaf tawel.*
mynych (1)	adjective	meddal	*Gan fynych weddïo.*
'n	infixed personal pronoun	'h' before a vowel	*Ni a'n hathrawes.* *Yr ysgol a'n hanfonodd ni.*

34

Gair	Rhan Ymadrodd	Treiglad	Enghraifft
'm	rhagenw mewnol	'h' o flaen llafariad	*Fy nhad a'm hewythr. Siân a'm hanfonodd i.*
math	see (y) fath		
mawr	see fawr		
megis	arddodiad	**dim treiglad**	*Aeth mis megis diwrnod.*
mi	geiryn rhagferfol	meddal	*Mi wellaf pan ddaw'r gwanwyn.*
milfed (10)	trefnol benywaidd	meddal enwau	*Y filfed ferch,* ond *y milfed bachgen.*
mo	talfyriad o 'dim o'	meddal enwau	*Wela i mo gyllell Dewi yn y sied.*
mor	adferf	meddal Eithriad: *ll, rh*	*Mor ddrwg. Mor llawn. Mor rhad.*
mwy (1)	ansoddair (Cymharol)	**dim treiglad**	*Yn fwy tawel.*
mwyaf (1)	ansoddair (Eithaf)	**dim treiglad**	*Y mwyaf tawel.*
mynych (1)	ansoddair	meddal	*Gan fynych weddïo.*
'n	rhagenw mewnol	'h' o flaen llafariad	*Ni a'n hathrawes. Yr ysgol a'n hanfonodd ni.*

35

Word	Part of Speech	Treiglad	Example
'n (41)	predicative adverbial particle	meddal Exception: *ll, rh*	*Mae ef yn gweithio'n dda.* *Siân sy'n ddrwg.* *Mae'n rhwydd.*
na	negative particle	1. c, p, t, llaes 2. remainder meddal	*Na cheisiwch ddim.* *Na ladd.*
na	conjunction	llaes Exception: *ti*	*Yn gochach na thân.* *Rwyf fi yn fwy na ti.*
na	negative relative pronoun	1. c, p, t, llaes 2. remainder meddal	*Y wraig na chlywais.* *Y wraig na welais.*
naill	pronoun	meddal	*Y naill gar a'r llall.*
nas	negative relative pronoun	**no mutation**	*Llyfr nas cyhoeddwyd.*
naw (72)	numeral	trwynol 'blwydd' 'blynedd' *diwrnod	*Naw mlwydd oed.*
nawfed (10)	feminine ordinal	meddal nouns	*Y nawfed leian,* but *y nawfed mynach.*
nemor	adjective	1. meddal 2. **no mutation** when the following adjective is comparative	*Nemor wraig,* but *nemor gwell.*

*It is no longer common practice to apply Treiglad Trwynol to 'diwrnod'

Gair	Rhan Ymadrodd	Treiglad	Enghraifft
'n (41)	geiryn traethiadol ac adferfol	meddal Eithriad: ll, rh	Mae ef yn gweithio'n dda. Siân sy'n ddrwg. Mae'n rhwydd.
na	geiryn negyddol	1. c, p, t, llaes 2. gweddill meddal	Na cheisiwch ddim. Na ladd.
na	cysylltair	llaes Eithriad: ti	Yn gochach na thân. Rwyf fi yn fwy na ti.
na	rhagenw perthynol negyddol	1. c, p, t, llaes 2. gweddill meddal	Y wraig na chlywais. Y wraig na welais.
naill	rhagenw	meddal	Y naill gar a'r llall.
nas	rhagenw perthynol negyddol	**no mutation**	Llyfr nas cyhoeddwyd.
naw (72)	rhifol	trwynol 'blwydd' 'blynedd' *diwrnod	Naw mlwydd oed.
nawfed (10)	trefnol benywaidd	meddal enwau	Y nawfed leian, ond y nawfed mynach.
nemor	ansoddair	1. meddal 2. **dim treiglad** pan ddaw o flaen gradd gymharol ansoddair	Nemor wraig, ond nemor gwell.

*Nid yw'n arfer erbyn heddiw i dreiglo 'diwrnod' yn drwynol

Word	Part of Speech	Treiglad	Example
neu	conjunction	1. meddal	
		nouns	*Dyn neu fenyw.*
		verb-nouns	*Rhedeg neu gerdded.*
		adjectives	*Da neu ddrwg.*
		2. no mutation	*Rhedwch neu cerddwch.*
		other forms	*Pa ddyn neu pa fenyw.*
newydd (1)	adjective	meddal	*Baban newydd anedig.*
ni	negative preverbal particle	1. c, p, t, llaes	*Ni pherfformiodd.*
		2. remainder	
		meddal	*Ni welais. Ni redodd.*
		Although 'ni' may be omitted in informal language, the mutation stands: *Pherfformiodd hi ddim; Welais i mohono; Fûm i erioed yn y lle.*	
nis	negative preverbal particle	**no mutation**	*Nis gwelais ac nis clywais.*
o (36)	preposition	meddal	*O Waelod-y-garth.*
o	interjection	meddal	*O Dduw ein Tad.*
odid	adverb	meddal	*Odid ddim.*
oni	negative interrogative particle	1. c, p, t, llaes	*Oni chlywodd?*
		2. remainder	
		meddal	*Oni lefarodd?*
		Exception: *bod*	*Oni bai amdano.*
oni : hyd oni	conjunction	1. c, p, t, llaes	*Nid awn hyd oni chawn ein talu.*
		2. remainder	
		meddal	*Hyd oni welaf.*
		Exception: *bod*	

Gair	Rhan Ymadrodd	Treiglad	Enghraifft
neu	cysylltair	1. meddal	
		enw	Dyn neu fenyw.
		berfenw	Rhedeg neu gerdded.
		ansoddair	Da neu ddrwg.
		2. **dim treiglad**	Rhedwch neu cerddwch.
		ffurfiau eraill	Pa ddyn neu pa fenyw.
newydd (1)	ansoddair	meddal	Baban newydd anedig.
ni	geiryn rhagferfol negyddol	1. c, p, t, llaes	Ni pherfformiodd.
		2. gweddill	
		meddal	Ni welais. Ni redodd.
		Er bod 'ni' yn gallu diflannu mewn iaith anffurfiol, erys y treiglad: Pherfformiodd hi ddim; Welais i mohono; Fûm i erioed yn y lle.	
nis	geiryn rhagferfol negyddol	**dim treiglad**	Nis gwelais ac nis clywais.
o (36)	arddodiad	meddal	O Waelod-y-garth.
o	ebychiad	meddal	O Dduw ein Tad.
odid	adferf	meddal	Odid ddim.
oni	geiryn gofynnol negyddol	1. c, p, t, llaes	Oni chlywodd?
		2. gweddill	
		meddal	Oni lefarodd?
		Eithriad: bod	Oni bai amdano.
oni : hyd oni	cysylltair	1. c, p, t, llaes	Nid awn hyd oni chawn
		2. gweddill	ein talu.
		meddal	Hyd oni welaf.
		Eithriad: bod	

Word	Part of Speech	Treiglad	Example
onis	negative interrogative particle	**no mutation**	*Onis cafwyd hyd iddo.*
os	conjunction	**no mutation**	*Os gwelwch yn dda.*
pa **pa fath** **pa ryw** **pa sut**	interrogative pronoun	meddal	*Pa ddiwrnod? Pa law?* *Pa fath ddyn?* *Pa ryw ddiwrnod?* *Pa sut ddynes?*
pan	conjunction	meddal	*Pan ddaw y dydd.*
parchus (1)	adjective	meddal nouns	*Barchus lywydd.*
pe	conjunction	. **no mutation**	*Pe clywsech beth oedd ganddo.*
pedair (46, 64)	feminine cardinal	1. nouns **no mutation** 2. adjectives meddal	*Y pedair merch.* *Pedair fawr.*
pedwaredd (10)	feminine ordinal	meddal nouns	*Y bedwaredd long ar bymtheg.*
pennaf	adjective (Superlative)	**no mutation** Exception: *feminine nouns (some)*	*Yn bennaf cyfrifol.* *Yn bennaf wraig.*
perffaith	adjective	meddal	*Yn berffaith fodlon.*
pes	conjunction	**no mutation**	*Pes gwelwn, fe ddywedwn.*
po	particle	meddal adjectives (Superlative degree)	*Po fwyaf, po gyntaf.*
pob	adjective	**no mutation**	*Pob dyn a phob gwraig.*

Gair	Rhan Ymadrodd	Treiglad	Enghraifft
onis	geiryn gofynnol negyddol	**dim treiglad**	*Onis cafwyd hyd iddo.*
os	cysylltair	**dim treiglad**	*Os gwelwch yn dda.*
pa **pa fath** **pa ryw** **pa sut**	rhagenw gofynnol	meddal	*Pa ddiwrnod? Pa law?* *Pa fath ddyn?* *Pa ryw ddiwrnod?* *Pa sut ddynes?*
pan	cysylltair	meddal	*Pan ddaw y dydd.*
parchus (1)	ansoddair	meddal enwau	*Barchus lywydd.*
pe	cysylltair	**dim treiglad**	*Pe clywsech beth oedd ganddo.*
pedair (46, 64)	rhifol benywaidd	1. enwau **dim treiglad** 2. ansoddeiriau meddal	*Y pedair merch.* *Pedair fawr.*
pedwaredd (10)	trefnol benywaidd	meddal enwau	*Y bedwaredd long ar bymtheg.*
pennaf	ansoddair (Eithaf)	**dim treiglad** Eithriad: *rhai enwau benywaidd*	*Yn bennaf cyfrifol.* *Yn bennaf wraig.*
perffaith	ansoddair	meddal	*Yn berffaith fodlon.*
pes	cysylltair	**dim treiglad**	*Pes gwelwn, fe ddywedwn.*
po	geiryn	meddal ansoddair (gradd Eithaf)	*Po fwyaf; po gyntaf.*
pob	ansoddair	**dim treiglad**	*Pob dyn a phob gwraig.*

Word	Part of Speech	Treiglad	Example
prif	adjective	meddal	*Prif Weithredwr.*
pum (46, 65, 66)	numeral	1. trwynol 'blwydd' 'blynedd' *diwrnod 2. meddal adjectives referring to feminine nouns	*Pum mlwydd oed.* *Pum wych.*
pumed (10)	feminine ordinal	meddal feminine nouns	*Y bumed ran*, but *y pumed ci.*
pur	adverb	meddal Exception: *ll, rh*	*Pur dda; pur wael.* *Pur llewyrchus; pur rhydlyd.*
pwy	interrogative pronoun	meddal	*Pwy welodd y dyn? Pwy ddaw gyda fi?* Because of implied relative pronoun, *Pwy a ddaw.*
pymthegfed (10)	feminine ordinal	meddal feminine nouns	*Y bymthegfed wraig*, but *y pymthegfed bachgen.*
pymtheng (72)	numeral	1 trwynol 'blwydd' 'blynedd' *diwrnod 2. meddal *gwaith*	*Pymtheng niwrnod.* *Pymthengwaith.*
'r (16, 17)	the definite article	meddal: feminine singular nouns Exception: *ll, rh* 2. Adjectives between article and fem. sing. noun including *ll, rh*	*Y ci a'r gath.* *Y llong a'r rhaff.* *Y dyn a'r wir wraig.* *Y dristaf a'r lonnaf o ferched.*

*It is no longer common practice to apply Treiglad Trwynol to 'diwrnod'

Gair	Rhan Ymadrodd	Treiglad	Enghraifft
prif	ansoddair	meddal	*Prif Weithredwr.*
pum (46, 65, 66)	rhifol	1. trwynol 'blwydd' 'blynedd' *diwrnod	*Pum mlwydd oed.*
		2. meddal ansoddeiriau benywaidd	*Pum wych.*
pumed (10)	trefnol benywaidd	meddal enwau benywaidd	*Y bumed ran,* ond *y pumed ci.*
pur	adferf	meddal Eithriad: *ll, rh*	*Pur dda; pur wael. Pur llewyrchus; pur rhydlyd.*
pwy	rhagenw gofynnol	meddal	*Pwy welodd y dyn? Pwy ddaw gyda fi?* Oherwydd y rhagenw perthynol, *Pwy a ddaw.*
pymthegfed (10)	trefnol benywaidd	meddal enwau benywaidd	*Y bymthegfed wraig,* ond *y pymthegfed bachgen,*
pymtheng (72)	rhifol	1 trwynol 'blwydd' 'blynedd' *diwrnod	*Pymtheng niwrnod.*
		2. meddal *gwaith*	*Pymthengwaith.*
'r (16, 17)	y fannod	meddal: enwau benywaidd unigol Eithriad: *ll, rh* 2. Ansoddeiriau rhwng y fannod ac enw benywaidd unigol yn cynnwys *ll, rh*	*Y ci a'r gath. Y llong a'r rhaff. Y dyn a'r wir wraig. Y dristaf a'r lonnaf o ferched.*

*Nid yw'n arfer erbyn heddiw i dreiglo 'diwrnod' yn drwynol

Word	Part of Speech	Treiglad	Example
reit	adverb	meddal	*Reit wael.*
rhag	preposition	**no mutation**	*Cadw ni rhag drwg.*
rhy	adverb	meddal	*Rhy laes.*
rhyw	adjective	meddal	*Rhyw ddydd.*
saith (71, 72)	numeral	1. trwynol 'blwydd' 'blynedd' *diwrnod 2. meddal cant; ceiniog; punt; pwys	*Saith mlynedd.* These are optional by now.
sawl	adjective	**no mutation**	*Bu yma sawl gwaith.*
seithfed (10)	feminine ordinal	meddal feminine nouns	*Y seithfed flwyddyn*, but *y seithfed dydd.*
sut	interrogative pronoun	1. meddal: nouns 2. **no mutation** verbs	*Sut ddyn oedd ef? Sut bydd ef yn mynd?* (Because of the implied *y, Sut y bydd.*)
sydd	verb	meddal: when *yn* is omitted	*Cofiwch wneud yr hyn sydd dda.*
tair (46, 63)	feminine numeral	nouns: **no mutation** adjective: meddal	*Y tair merch. Y tair dew.*
tan	preposition	meddal	*Rwy'n aros tan ddeg o'r gloch.*
tan	see **dan**		

*It is no longer common practice to apply Treiglad Trwynol to 'diwrnod'

Gair	Rhan Ymadrodd	Treiglad	Enghraifft
reit	adferf	meddal	*Reit wael.*
rhag	arddodiad	**dim treiglad**	*Cadw ni rhag drwg.*
rhy	adferf	meddal	*Rhy laes.*
rhyw	ansoddair	meddal	*Rhyw ddydd.*
saith (71, 72)	rhifol	1 trwynol 'blwydd' 'blynedd' *diwrnod 2. meddal cant; ceiniog; punt; pwys	*Saith mlynedd.* Gellir dewis eu treiglo neu beidio.
sawl	ansoddair	**dim treiglad**	*Bu yma sawl gwaith.*
seithfed (10)	trefnol benywaidd	meddal enwau benywaidd	*Y seithfed flwyddyn,* ond *y seithfed dydd.*
sut	rhagenw gofynnol	1. meddal: enwau 2. **dim treiglad** berfau	*Sut ddyn oedd ef? Sut bydd ef yn mynd?* (Oherwydd yr *y* ddealledig, *Sut y bydd.*)
sydd	verb	meddal: pan ollyngir *yn*	*Cofiwch wneud yr hyn sydd dda.*
tair (46, 63)	rhifol benywaidd	enw: **dim treiglad** ansoddair: meddal	*Y tair merch. Y tair dew.*
tan	arddodiad	meddal	*Rwy'n aros tan ddeg o'r gloch.*
tan	gw. **dan**		

*Nid yw'n arfer erbyn heddiw i dreiglo 'diwrnod' yn drwynol

Word	Part of Speech	Treiglad	Example
tra	conjunction	**no mutation**	*Tra pery'r iaith Gymraeg.*
tra	adverb	llaes	*Yr ydych, syr, yn dra charedig.*
tri (46, 60-62)	numeral	llaes: nouns	*Tri chi.*
trigain (72)	numeral	trwynol 'blwydd' 'blynedd' *diwrnod	*Trigain mlwydd oed.*
trigeinfed (10)	feminine ordinal	meddal feminine nouns	*Y drigeinfed ferch,* but *y trigeinfed bachgen.*
tros	see **dros**		
trwy (36)	preposition	meddal	*Trwy ddyfal donc.*
trydedd (10)	feminine ordinal	meddal: nouns	*Y drydedd long.*
tua (37)	preposition	llaes	*Tua thair milltir.*
'th	infixed personal pronoun	meddal	*Ti a'th frawd.*
'u	infixed personal pronoun	'h' before a vowel	*Hwy a'u hanifeiliaid.* *Dyma'r un a'u henwodd.*
uchel (1)	ansoddair	meddal	*Uchel ddyletswyddau.*

*It is no longer common practice to apply Treiglad Trwynol to 'diwrnod'

Gair	Rhan Ymadrodd	Treiglad	Enghraifft
tra	cysylltair	**dim treiglad**	*Tra pery'r iaith Gymraeg.*
tra	adferf	llaes	*Yr ydych, syr, yn dra charedig.*
tri (46, 60-62)	rhifol	llaes: enwau	*Tri chi.*
trigain (72)	rhifol	trwynol 'blwydd' 'blynedd' *diwrnod	*Trigain mlwydd oed.*
trigeinfed (10)	trefnol benywaidd	meddal enwau benywaidd	*Y drigeinfed ferch,* but *y trigeinfed bachgen.*
tros	gw. **dros**		
trwy (36)	arddodiad	meddal	*Trwy ddyfal donc.*
trydedd (10)	trefnol benywaidd	meddal: nouns	*Y drydedd long.*
tua (37)	arddodiad	llaes	*Tua thair milltir.*
'th	rhagenw mewnol	meddal	*Ti a'th frawd.*
'u	rhagenw mewnol	'h' o flaen llafariad	*Hwy a'u hanifeiliaid.* *Dyma'r un a'u henwodd.*
uchel (1)	ansoddair	meddal	*Uchel ddyletswyddau.*

*Nid yw'n arfer erbyn heddiw i dreiglo 'diwrnod' yn drwynol

47

Word	Part of Speech	Treiglad	Example
ugain (72)	numeral	trwynol 'blwydd' 'blynedd' *diwrnod	*Ugain mlynedd.*
ugeinfed (10)	feminine ordinal	meddal feminine nouns	*Yr ugeinfed ferch,* but *yr ugeinfed bachgen.*
un (48, 49)	feminine numeral	1. meddal: feminine nouns (except *ll, rh*) 2. meddal: adjectives (including *ll, rh*) 3. trwynol 'blwydd' 'blynedd' in composite numerals	*Un ferch; un llong; un rhaw.* *Un lawen awr.* *Un mlynedd ar hugain.*
un (51-55)	adjective	1. when it means 'similar': meddal masculine & feminine nouns (including *ll, rh*) 2. when it means 'one and the same' feminine nouns only (except *ll, rh*) Exception:	*Yr un gerddediad; yr ydym o'r un feddwl.* *Yn yr un wlad; yn yr un maes; yn yr un llong.* *Yr un dad a'r un fam.*
un (50)	feminine noun	meddal (including *ll, rh*)	*Ble mae'r un fach heddiw?* *Mae'r afon yn un lydan.*
unfed (10)	feminine ordinal	meddal feminine nouns	*Yr unfed raff ar ddeg,* but *yr unfed dyn ar hugain.*
unig (1)	adjective	meddal: nouns	*Yr unig blentyn.*

*It is no longer common practice to apply Treiglad Trwynol to 'diwrnod'

Gair	Rhan Ymadrodd	Treiglad	Enghraifft
ugain (72)	rhifol	trwynol 'blwydd' 'blynedd' *diwrnod	*Ugain mlynedd.*
ugeinfed (10)	trefnol benywaidd	meddal enw benywaidd	*Yr ugeinfed ferch,* ond *yr ugeinfed bachgen.*
un (48, 49)	rhifol benywaidd	1. meddal: enw ben- *Un ferch; un llong; un rhaw.* ywaidd (ac eithrio *ll, rh*) 2. meddal: ansoddair *Un lawen awr.* (yn cynnwys *ll, rh*) 3. trwynol *Un mlynedd ar hugain.* 'blwydd' 'blynedd' mewn rhifau cyfansawdd	
un (51-55)	ansoddair	1. pan olyga 'tebyg' *Yr un gerddediad; Yr ydym o'r* meddal: enwau *un feddwl.* gwrywaidd a benywaidd (yn cynnwys *ll, rh*) 2. pan olyga 'yr *Yn yr un wlad; yn yr un maes;* union un': enwau *yn yr un llong.* benywaidd yn unig (ac eithrio *ll, rh*) Eithriad: *Yr un dad a'r un fam.*	
un (50)	enw benywaidd	meddal (yn cynnwys *ll, rh*)	*Ble mae'r un fach heddiw? Mae'r afon yn un lydan.*
unfed (10)	trefnol benywaidd	meddal enwau benywaidd	*Yr unfed raff ar ddeg,* ond *yr unfed dyn ar hugain.*
unig (1)	ansoddair	meddal: nouns	*Yr unig blentyn.*

*Nid yw'n arfer erbyn heddiw i dreiglo 'diwrnod' yn drwynol

Word	Part of Speech	Treiglad	Example
unrhyw (1)	adjective	meddal	*Unrhyw ddau ohonoch.*
'w (them)	infixed personal pronoun	'h' before a vowel	*Rwy'n mynd i'w hannerch yfory.*
'w (his)	infixed personal pronoun	meddal	*Rwy'n mynd i'w gartref.*
'w (her)	infixed personal pronoun	1. llaes 2. 'h' before a vowel	*Bydd ef yn mynd i'w chartref.* *Rwy'n mynd i'w hysgol hi.*
wele	exclamation	meddal	*Wele long!*
wrth (36)	preposition	meddal	*Wrth wrando arno.*
wyth (72)	numeral	1. trwynol 'blwydd' 'blynedd' *diwrnod 2. meddal cant; ceiniog; punt; pwys	*Wyth mlwydd oed.* These are optional by now.
wythfed (10)	feminine ordinal	meddal feminine nouns	*Yr wythfed raff,* but *yr wythfed dyn.*

*It is no longer common practice to apply Treiglad Trwynol to 'diwrnod'

Gair	Rhan Ymadrodd	Treiglad	Enghraifft
unrhyw (1)	ansoddair	meddal	*Unrhyw ddau ohonoch.*
'w (hwy)	rhagenw mewnol	'h' o flaen llafariad	*Rwy'n mynd i'w hannerch yfory.*
'w (his)	rhagenw mewnol	meddal	*Rwy'n mynd i'w gartref.*
'w (her)	rhagenw mewnol	1. llaes 2. 'h' o flaen llafariad	*Bydd ef yn mynd i'w chartref.* *Rwy'n mynd i'w hysgol hi.*
wele	ebychiad	meddal	*Wele long!*
wrth (36)	arddodiad	meddal	*Wrth wrando arno.*
wyth (72)	rhifol	1 trwynol 'blwydd' 'blynedd' *diwrnod 2. meddal cant; ceiniog; punt; pwys	*Wyth mlynedd.* Nid yw'n arfer i'w treiglo.
wythfed (10)	trefnol benywaidd	meddal enwau benywaidd	*Yr wythfed raff,* ond *yr wythfed dyn.*

*Nid yw'n arfer erbyn heddiw i dreiglo 'diwrnod' yn drwynol .

51

Word	Part of Speech	Treiglad	Example
y (16, 17)	the definite article	meddal: feminine singular nouns	*Y gath a'r ci.*
		Exception: *ll, rh*	*Y llong a'r rhaff.*
		2. Adjectives between article and fem. sing. noun, including *ll, rh* even if the noun is only implied.	*Y wir wraig.* *Y lwyd wawr.* *Y leiaf ohonynt.*
		Exceptions:	*Y cyfryw ferch; y cyffelyb dref.*
ychydig (1)	adjective	meddal: nouns **no mutation** adjectives	*Ychydig fwyd, ychydig ddiod.* *Ychydig bach; ychydig mwy.*
yma: yna: yno	adverb	meddal: after forms of 'bod' This is in fact caused by interpolation, i.e. *yma, yna, yno* break up the normal sentence pattern.	*Mae yma rywun i'ch gweld.* *Roedd yno le hardd ofnadwy.* *Oes 'na rywun wrth y drws?*
yn: ym: yng	preposition	trwynol This *yn* does not abbreviate to *'n*	*Yng ngwlad y tylwyth teg.*
yn (41)	predicative adverbial particle	meddal Exception: *ll, rh*	*Yn drwm; yn ferch dda.* *Yn rhad.*
yn	verb-noun particle	**no mutation** In informal language, e.g. *Beth rwyt ti'n ddweud?*, it may appear to cause a mutation, but this is due to the ommission of 'ei', *Beth rwyt ti'n ei ddweud?*, which should be retained in formal language.	*Byddaf yn canu; Mae'r tir yn prysur ddiflannu.*

Gair	Rhan Ymadrodd	Treiglad	Enghraifft
y (16, 17)	y fannod	meddal: enwau benywaidd unigol	*Y gath a'r ci.*
		Eithriad: *ll, rh*	*Y llong a'r rhaff.*
		2. Ansoddeiriau rhwng y fannod ac enw benywaidd unigol, yn cynnwys *ll, rh* hyd yn oed os dealledig yw'r enw. Eithriad:	*Y wir wraig.* *Y lwyd wawr.* *Y leiaf ohonynt.* *Y cyfryw ferch y cyffelyb dref.*
ychydig (1)	ansoddair	meddal: enwau **dim treiglad** ansoddeiriau	*Ychydig fwyd, ychydig ddiod.* *Ychydig bach ychydig mwy.*
yma: yna: yno	adferf	meddal: ar ôl ffurfiau 'bod' Y gwir yw mai 'sangiad' sydd yma, h.y. mae *yma, yna, yno* yn torri ar rediad arferol y frawddeg	*Mae yma rywun i'ch gweld.* *Roedd yno le hardd ofnadwy.* *Oes 'na rywun wrth y drws?*
yn: ym: yng	arddodiad	trwynol Nid yw'r *yn* yma'n talfyrru i *'n*	*Yng ngwlad y tylwyth teg.*
yn (41)	geiryn traethiadol ac adferfol	meddal Eithriad: *ll, rh*	*Yn drwm yn ferch dda.* *Yn rhad.*
yn	geiryn berfenwol	**dim treiglad**	*Byddaf yn Canu; Mae'r tir yn prysur ddiflannu.*

Ar lafar, e.e. *Beth rwyt ti'n ddweud?*, mae'n ymddangos fel petai'n achosi treiglad, ond yr 'ei' sydd wedi'i hepgor sy'n ei achosi *Beth rwyt ti'n **ei** ddweud?* Ni ddylid ei hepgor mewn iaith ffurfiol.

53

Word	Part of Speech	Treiglad	Example
yr	the definite article	1. meddal: feminine singular nouns	*Yr eneth fach unig.*
		2. Adjectives between article and fem. sing. noun, even if the noun is only implied.	*Yr arw groes.*
			Hi oedd yr arwaf ohonynt.

Gair	Rhan Ymadrodd	Treiglad	Enghraifft
yr	y fannod	meddal: enwau benywaidd unigol	*Yr eneth fach unig.*
		2. Ansoddeiriau rhwng y fannod ac enw benywaidd unigol, hyd yn oed os dealledig yw'r enw.	*Yr arw groes.*
			Hi oedd yr arwaf ohonynt.

WORDS CAUSING TREIGLAD TRWYNOL

can	numeral	in the case of *blwydd, blynedd, diwrnod*
chwe	numeral	in the case of *blwydd, blynedd,* (optional)
deng	numeral	in the case of *blwydd, blynedd, diwrnod*
deuddeng	numeral	in the case of *blwydd, blynedd, diwrnod*
deugain	numeral	in the case of *blwydd, blynedd, diwrnod*
deunaw	numeral	in the case of *blwydd, blynedd, diwrnod*
fy	personal pronoun	*my*
naw	numeral	in the case of *blwydd, blynedd, diwrnod*
pum	numeral	in the case of *blwydd, blynedd, diwrnod*
pymtheng	numeral	in the case of *blwydd, blynedd, diwrnod*
saith	numeral	in the case of *blwydd, blynedd, diwrnod*
trigain	numeral	in the case of *blwydd, blynedd, diwrnod*
ugain	numeral	in the case of *blwydd, blynedd, diwrnod*
un	numeral	in the case of *blwydd, blynedd* in compound numerals
wyth	numeral	in the case of *blwydd, blynedd, diwrnod*
yn: ym: yng	preposition	*in*

GEIRIAU SY'N ACHOSI TREIGLAD TRWYNOL

can	rhifol	yn achos *blwydd, blynedd, diwrnod*
chwe	rhifol	yn achos *blwydd, blynedd,* (dewisol)
deng	rhifol	yn achos *blwydd, blynedd, diwrnod*
deuddeng	rhifol	yn achos *blwydd, blynedd, diwrnod*
deugain	rhifol	yn achos *blwydd, blynedd, diwrnod*
deunaw	rhifol	yn achos *blwydd, blynedd, diwrnod*
fy	rhagenw personol	
naw	rhifol	yn achos *blwydd, blynedd, diwrnod*
pum	rhifol	yn achos *blwydd, blynedd, diwrnod*
pymtheng	rhifol	yn achos *blwydd, blynedd, diwrnod*
saith	rhifol	yn achos *blwydd, blynedd, diwrnod*
trigain	rhifol	yn achos *blwydd, blynedd, diwrnod*
ugain	rhifol	yn achos *blwydd, blynedd, diwrnod*
un	rhifol	yn achos *blwydd, blynedd* mewn rhifau cyfansawdd
wyth	rhifol	yn achos *blwydd, blynedd, diwrnod*
yn: ym: yng	arddodiad	

WORDS CAUSING TREIGLAD LLAES

a	conjunction	*and*
â	preposition	*with*
â	conjunction	*as*
chwe	numeral	*six*
ei	personal pronoun	*her*
gyda	preposition	*with*
'i	infixed personal pronoun	*her*
na	conjunction	*than*
na	negative particle	*do not*
na	negative relative pronoun	*that do not*
ni	negative preverbal particle	*not*
oni	negative interrogative particle	*did not?*
oni:	conjunction	*until*
hyd oni		
tra	adverb	*very*
tri	numeral	*three*
tua	preposition	*about*
'w	infixed personal pronoun	*her*

Y GEIRIAU SY'N ACHOSI TREIGLAD LLAES

a	cysylltair
â	arddodiad
â	cysylltair
chwe	rhifol
ei	rhagenw personol
gyda	arddodiad
'i	rhagenw mewnol
na	cysylltair
na	geiryn negyddol
na	rhagenw perthynol negyddol
ni	geiryn rhagferfol negyddol
oni	geiryn gofynnol negyddol
oni:	cysylltair
hyd oni	
tra	adferf
tri	rhifol
tua	arddodiad
'w	rhagenw mewnol

RHAI RHEOLAU YNGLŶN Â THREIGLO

Mae'r rhifau mewn cromfachau yn cyfeirio at yr eglurhad ar dermau gramadegol ar dudalennau 70-75.

Mae ENW (1) yn treiglo'n feddal:

1. ar ôl ansoddair (2) yn y radd gysefin, e.e. *hen faneg*; *annwyl gyfeillion*. Felly hefyd mewn geiriau cyfansawdd, e.e. *prifddinas*; *is-gapten*. Eithriadau yw *peth, pob, rhai, sawl*, e.e. *peth bwyd*; *pob dyn*; *rhai merched*; *sawl gwaith*.

   Sylwch: nid oes treiglad yn dilyn graddau cyfartal na chymharol yr ansoddair, e.e. *cystal dyn*; *gwell diwrnod*; hefyd *mor garedig merch*; *mwy cyfeillgar dyn*. Nid oes treiglad chwaith yn arfer dilyn y radd eithaf *cyntaf peth*, ac eithrio pan fo gradd eithaf yn cael ei defnyddio i bwysleisio maint yr hyn sy'n cael ei ddisgrifio, yn hytrach na'i gymharu ag unrhyw beth arall, e.e. *ardderchocaf frenin*; *anwylaf dad*.

2. pan fydd yn wrthrych (13) i ffurf gryno, bersonol y ferf (4), e.e. *Gwelais long*; *Prynodd docynnau*.

   Sylwch: os oes rhestr o enwau yn dilyn, dim ond y cyntaf sy'n treiglo, e.e. *Gwerthai grysau, cotiau, dillad babis* . . . Digwydd y treiglad hyd yn oed os daw'r goddrych (10) rhwng y ferf a'r gwrthrych, e.e. *Gwelodd y dynion, y merched a'r plant long fawr yn suddo*.

3. pan fydd ymyrryd â rhediad dau air sy'n arfer mynd gyda'i gilydd (h.y. yn dilyn sangiad), e.e. *Rhedodd ato gi bach du*, yn lle'r ffurf arferol 'Rhedodd ci bach du ato'; *Gwelir hefyd restr o rannau ymadrodd yn y cefn*, yn lle 'Gwelir rhestr o rannau ymadrodd etc.'

4. pan fydd yn cael ei ddefnyddio fel cyfenw neu deitl, yn dangos swydd neu berthynas ar ôl enw person, e.e. *Dafydd Frenin*; *Ioan Fedyddiwr*.

5. mewn cyfosodiad â rhagenw, sef yn dangos swydd neu berthynas fel yn (4) uchod ond gyda rhagenwau megis 'mi', 'minnau', 'ti', 'tithau' etc., e.e. *A minnau, brifathro ysgol*; *Tithau, dwpsyn dwl*.

6. mewn cyfosodiad o fewn cyfarchiad, hynny yw, os yw'n barhad o ymadrodd arall. Nid yw'n treiglo os daw ar ddechrau'r cyfarchiad, felly: *Boneddigion, ystyriwch! Bechgyn, byddwch ddistaw! Duw mawr y rhyfeddodau maith.* Rhaid cydnabod fod llawer o enghreifftiau o dreiglo, e.e. *Foneddigion a Boneddigesau; Blantos, ewch,* yn arbennig os gellir ystyried fod rhagenw fel '*Chwi foneddigion!*' yn dybiedig yn y cyfarchiad (gw. **5**) ond y tebyg yw mai **peidio** treiglo ar ddechrau cyfarchiad sydd fwyaf cywir mewn iaith ffurfiol ysgrifenedig.

   Pan fydd yr enw mewn cyfosodiad â gair arall mewn cyfarchiad, mae'r enw yn treiglo, e.e. *Nos da, bawb! Ffarwél, frodyr! Eisteddwch, ferched!* Sylwch: nid yw enwau personol yn treiglo mewn cyfarchiad, e.e. *Saf, Dafydd!*

7. ar ôl ebychiad, e.e. *O Dduw! O dad!* (ac eithrio enwau personol).

8. os caiff ei ddefnyddio fel adferf (7) yn dynodi amser, mesur neu ddull neu fodd o wneud rhywbeth, e.e. *Rwy'n mynd fis i heddiw*; *Fe'i gwelwyd ganol dydd golau*; *ganllath o gopa'r mynydd*; *Rhyw berfformio rywsut rywsut a gafwyd gan y cwmni.*

   Dyma sy'n digwydd pan newidir trefn arferol enw neu rifol mewn ymadroddion megis 'mil o dafodau' yn *tafodau fil*; 'llu o fargeinion' yn *bargeinion lu*; *problemau rif y gwlith* ac ati.

   OND, os defnyddir gradd eithaf ansoddair ar ôl yr enw 'adferfol' yma, nid yw'r adferf yn treiglo, e.e. *rhyw filltir man pellaf*; *hyn sydd wir rhan fynychaf,* oherwydd bod y fannod (y) yn ddealledig, *rhyw filltir y man pellaf.*

9. os caiff ei ddefnyddio fel ansoddair (i ddisgrifio natur neu briodoleddau'r enw), ar ôl enw benywaidd unigol (1), e.e. *llwy de*; *gardd flodau.*

   OND nid oes treiglad os yw'r ystyr yn enidol (16), e.e. *Prifysgol Cymru*; *Llywodraeth Lloegr* ac eithrio rhai hen gyfuniadau a ddefnyddir o hyd, e.e. *Gŵyl Ddewi*; *Eglwys Loegr.*

10. os yw'n enw benywaidd sy'n dilyn rhif trefnol (8), mae'r enw a'r rhif yn treiglo, e.e. *y drydedd ferch*; *y ddegfed long.*

Sylwch: pan geir dau enw yn dilyn ei gilydd, e.e. *nos Lun*, cenedl yr *ail* enw sy'n rheoli unrhyw ansoddair yn *dilyn* y ddau enw, e.e. *nos Lun diwethaf*, a chenedl yr enw *cyntaf* sy'n rheoli unrhyw rifol a ddaw o flaen y ddau enw, e.e. *dwy nos Lun*, felly *y ddwy nos Lun diwethaf.*

Mae ANSODDAIR (2) yn treiglo'n feddal:

11. ar ôl enw benywaidd unigol, e.e. *cath fach; merch fawr.* Os digwydd mwy nag un ansoddair, maent i gyd yn treiglo, e.e. *cath fach ddu, ddof.* Mae yna rai eithriadau–nid yw 'braf' byth yn treiglo, ac y mae 'gyferbyn' hefyd yn gwrthsefyll treiglad. Mae 'nos da' ac 'wythnos diwethaf' yn hen ffurfiau cydnabyddedig, ac yn y Gogledd mae yna duedd i beidio treiglo 'bach', yn arbennig os yw'n golygu 'annwyl', e.e. *Yr Hen Wraig Bach a'i Mochyn.*

12. pan fydd yn gweithredu yn yr un ffordd â gwrthrych ffurf gryno bersonol y ferf, e.e. *Gwelais wir athrylith ar waith. Ni welais gymaint o dlodi mewn gwlad.* OND sylwch: nid felly'r ffurfiau cyfartal pan fydd berf yn y dibeniad, e.e. *A fyddwch cystal â mynd? Aeth cynddrwg fel bu raid iddo gael triniaeth.*

13. ar ôl y rhifol benywaidd 'un', gan gynnwys 'll' a 'rh', e.e. *un fach; un lawen awr.*

14. ar ôl y rhifolion 'dau' a 'dwy', e.e. *dau fach; dwy fawr.*

15. ar ôl y rhifolion 'tair', 'pedair' a 'pump' (benywaidd), e.e. *tair dew; pedair olygus; pum wych.*

16. rhwng y fannod ac enw benywaidd unigol (gan gynnwys 'll' a 'rh'), e.e. *y lwyd wawr.* Sylwch: mae 'cyfryw' a 'cyffelyb' yn eithriadau– *y cyfryw ferch; y cyffelyb dref.*

17. ar ôl y fannod, os yw'n cyfeirio at enw benywaidd unigol (gan gynnwys 'll' a 'rh'), e.e. *hi yw'r bertaf; y lonnaf o ferched.*

18. os bydd ymyrryd yn rhediad normal y frawddeg, e.e. *Ni welwyd erioed bertach blodau* yn hytrach na 'Ni welwyd pertach blodau erioed' (h.y. yn dilyn sangiad).

19. os caiff ei ddefnyddio fel adferf (i ddisgrifio) ansoddair arall, e.e. *yn*

wlyb ddiferol; *yn dda ddychrynllyd.* OND sylwch: nid ar ôl ffurfiau cymharol nac eithaf yr ansoddair, e.e. *llai gwlyb*; *lleiaf cywir,* na 'bach' fel *yn ddistaw bach.*

20. os defnyddir gradd eithaf yr ansoddair fel adferf (7) heb 'yn' neu 'y' o'i flaen, e.e. *Hi a ganodd orau*; *Daeth yma gyntaf* (gw. **42** hefyd).

21. os caiff ei ailadrodd yn dilyn 'yn', e.e. *yn ddistaw ddistaw.*

22. os caiff ei ddefnyddio fel cyfenw, neu er mwyn gwahaniaethu rhwng dau berson â'r un enw (yn hytrach na disgrifio'r person), e.e. *Dafydd Ddu Eryri*; *Iolo Goch*; neu weithiau er mwyn gwahaniaethu rhwng dau le â'r un enw, e.e. *Penglanowen Fawr* a *Penglanowen Fach* (a all fod yn lle mawr, gan nad disgrifio maint y lle yw swyddogaeth 'bach' yma).

    Eithriadau yn achos enwau personol yw 'bach', e.e. *Ifor Bach* a 'llwyd' pan olyga'r lliw yn hytrach na 'sanctaidd', e.e. *Dafydd Llwyd*; *Morfudd Llwyd* ond *Beuno Lwyd* (sef sanctaidd). Ni threiglir rhai hen enwau, e.e. *Rhodri Mawr.*

23. yn y radd gyfartal heb 'cyn' er mwyn cyfleu rhyfeddod, e.e. *drymed y nos.*

24. mewn cyfosodiad (fel 4 a 5 uchod), e.e. *Aethom bob yn ddau.*

Mae BERFENW (3) yn treiglo'n feddal:

25. pan fydd yn dilyn ansoddair sy'n ei ddisgrifio (neu'i oleddfu), e.e. *distaw ganu*; *prysur ddiflannu* (gw. hefyd reol **40**). Sylwch: nid yw'n treiglo os nad yw'r ansoddair yn cyfeirio at y berfenw, e.e. *Mae'n hyfryd canu yn y lle hwn.*

26. pan fydd yn wrthrych (13) i ffurf gryno bersonol y ferf (4), e.e. *dechreuodd ganu.* Os oes mwy nag un yn dilyn y ferf, e.e. mewn rhestr o gyfarwyddiadau, dim ond y cyntaf sy'n treiglo, e.e. *Dylech chi grafu'r llestri, rhedeg dŵr drostynt, gosod y cyfan* . . .

27. pan fydd yn gweithredu fel ansoddair (yn disgrifio natur neu briodoleddau'r enw), ar ôl enw benywaidd unigol, e.e. *cymanfa ganu*; *buddai gorddi* (gw. hefyd **9** uchod).

28. os bydd ymyrryd yn rhediad normal y frawddeg (h.y. yn dilyn

sangiad), e.e. *Mae'n dda weithiau gerdded yn y lle yma* yn hytrach na 'Mae'n dda cerdded weithiau yn y lle yma.'

29. os bydd yn gweithredu fel enw ar ôl 'yn', e.e. *Mae hwn yn ganu da.*

Mae rhai BERFAU (4) yn treiglo'n feddal:

30. wrth gael eu defnyddio, mewn cromfachau fel petai, i fynegi barn neu deimlad, wrth fynd heibio, e.e. *Hynny, dybiwn i, sydd orau; Beth, gredwch chwi, yw prif nodwedion y maes?* Sylwch: mae 'medd' yn eithriad, e.e. *Hynny, meddwn i, sydd orau; Beth, meddech chi , yw prif nodweddion y maes?*

Mae BOD yn treiglo'n feddal:

31. pan fydd yn oddrych (10) i frawddeg enwol (15), sef pe byddai, yn Saesneg, yn cael ei gyflwyno gan 'that', e.e. *Onid yw'n rhyfedd fod dynion yn gallu gwneud hyn? Y gwir yw fod Dafydd yn sâl.*

32. os yw'n cyflwyno cymal enwol (14) (sef cymal sy'n cymryd lle gwrthrych (13) i'r ferf), e.e. *Dywedodd John fod popeth yn iawn.* OND yn wahanol i **26** uchod, mae 'bod' yn gallu treiglo os yw'r cymal yn wrthrych i ferfenw, e.e. *Maen nhw'n dweud fod popeth yn iawn,* neu os yw'n wrthrych i ffurf amhersonol y ferf, e.e. *Dywedir fod popeth yn iawn.*

Sylwch: mae gennych ddewis yn yr iaith ffurfiol ysgrifenedig, a ydych chi am ddefnyddio'r ddau dreiglad olaf yma, neu beidio; ar ôl dewis, y peth pwysig wedyn yw bod yn gyson.

Digwydd y treiglad hyd yn oed os daw'r goddrych rhwng y ferf a 'bod', e.e. *Dywedodd y dynion, y gwragedd, y bechgyn a'r merched, fod popeth yn iawn.*

33. mewn cymalau megis *llwm yw'r tir, llym yw'r awel* pan fydd ffurfiau'r ferf megis 'bu', 'byddai' neu 'bydd' yn cael eu defnyddio yn lle 'yw', e.e. *llwm fydd y tir; llym fu'r awel.*

34. weithiau ar ôl 'efallai' (os ystyrir ei fod yn gweithredu fel y gwreiddiol sef, 'ef: fe allai' a 'bod' yn cyflwyno cymal enwol, e.e. *Efallai fod popeth yn iawn.*

Adferfau (7)

35. mae adferfau sy'n dynodi:

1. cyfnod o amser,
2. lle neu fan,
3. dull neu fodd o wneud rhywbeth,

i gyd yn treiglo'n feddal, e.e. 1 *A wnei di alw fis i heddiw? 2 Saethodd y bwled fodfeddi'n unig heibio'i glust.* 3. *Rhyw berfformiad rywsut rywsut a gafwyd gan y cwmni.*

Mae nifer o'r adferfau hyn yn cael eu defnyddio mor aml, y maent wedi magu treiglad parhaol, e.e. *ddoe; ddim; weithiau; gartref.*

Mae 'llawer' pan ddaw ar ôl gradd gymharol ansoddair yn treiglo'r feddal, e.e. *yn fwy lawer; yn llai lawer.*

Dros amser, mae'r arfer o dreiglo adferf ar ddechrau brawddeg wedi newid, ond erbyn heddiw, treiglir pob llythyren, gan gynnwys 'll' a 'rh', e.e. *Lawer tro bûm yno; Ganllath o gopa'r mynydd.* OND sylwch: mae'r adferf yn treiglo ar ddechrau brawddeg oni bai iddo gael ei osod ar ddechrau brawddeg er mwyn pwysleisio rhan o'r frawddeg. O'i ddefnyddio i osod pwyslais mae'n cael ei ddilyn gan 'y/yr' a chymal perthynol, ac ni ddylid ei dreiglo wedyn, e.e. *Af i loncian liw nos, Liw nos af i loncian* (adferf); *Lliw nos yr af i loncian* (pwyslais); *Lawer gwaith bûm yno* (adferf); *Llawer gwaith y bûm yno* (pwyslais).

Arddodiaid (6)

36. Treiglad Meddal sy'n dilyn yr arddodiaid yn y pennill canlynol:

Am, ar, at,
I, o, gan
Hyd, heb, wrth,
Dros, drwy, dan

Hefyd ffurfiau personol yr adferfau hyn, e.e. *Roedd ganddo ben tost; Mae arnat bum punt i mi.*

37. Treiglad Llaes sy'n dilyn 'â', 'gyda', 'tua' (ac 'efo' gynt).

38. Treiglad Trwynol sy'n dilyn yr arddodiad 'yn' (ym: yng).

Mae RHAGENW CYSYLLTIOL yn treiglo'n feddal:
39. os yw'n wrthrych i ffurf amhersonol y ferf, e.e. *poener dithau.*

YN (12)
40. Nid oes treiglad yn dilyn 'yn' berfenwol (12), e.e. *Mae Dafydd yn byw yn y dref; Mae Siân yn canu yn y côr,* hyd yn oed pan ddaw ansoddair o flaen y berfenw (gan ei droi yn ferfenw cyfansawdd), e.e. *Mae'r tir yn prysur ddiflannu.* OND sylwch: mae'r berfenw yn gallu gweithredu weithiau fel enw yn Gymraeg, e.e. *y canu da; y cerdded cyflym.* Pan ddigwydd hyn, yr 'yn' traethiadol a ddefnyddir, ac y mae'r 'yn' yma yn achosi Treiglad Meddal, a chewch *Mae hwn yn ganu da; Mae hynny'n gerdded cyflym.*

41. Treiglad Meddal (ac eithrio 'll' a 'rh') sy'n dilyn 'yn' traethiadol ac adferfol (12), e.e. *Mae Dafydd yn fachgen da; Mae hi'n mynd yn gyflym; Mae'r bwthyn yn wag.*

42. O fedru hepgor yr 'yn' traethiadol ac adferfol, erys y Treiglad Meddal, e.e. *hi a ganodd orau; daeth yma gyntaf* (h.y. yn gyntaf); *teithio gorff ac enaid; bu fyw; bu farw; hyn sydd dda.*

43. Treiglad Trwynol sy'n dilyn yr arddodiad 'yn' (6, 12) sydd ei hun yn troi yn 'ym' ac 'yng', e.e. *yn Ninbych; ym Mhontypridd; yng Nghaernarfon.*

Y Rhifolion a'u Treigladau
44. Os digwydd i'r rhifol (8) ddilyn enw lluosog, mae'n treiglo'n feddal, e.e. *brodyr dri; tafodau fil* (gw. **8** uchod).

45. Os digwydd rhifol a 'blwydd' yn union ar ôl enw benywaidd, mae'r rhifol yn treiglo, e.e. *gafr dair blwydd;* nid felly ar ôl enw gwrywaidd, *hwrdd tair blwydd.*

46. Mae i 'un' (gwrywaidd a benywaidd), 'dau' a 'dwy' reolau arbennig a restrir isod. Gyda golwg ar y rhifau eraill, gellir gosod fel egwyddor fod ansoddair *ar ei ben ei hun,* sy'n dilyn rhif, yn disgrifio'r rhifol, e.e. *tri cadarn; tri tew,* yn hytrach na bod y rhifol yn rhifo'r ansoddair (nid 'tri chadarn', 'tri thew').

Oherwydd bod y rhifol yn ymddangos fel enw, mae 'tair', 'pedair' a 'pump' (benywaidd) yn ymddangos fel enwau benywaidd, ac erbyn heddiw yn achosi'r treiglad a ddisgwylir ar ôl enw benywaidd, e.e. *tair dew; pedair drom; pum wych,* OND nid enwau mohonynt ond rhifolion ac *y tair merch; y pedair gwraig,* yw'r unig ffurfiau derbyniol (hyd yn hyn) mewn Cymraeg ysgrifenedig. (Er bod ' y dair ferch' a 'y bedair wraig' yn digwydd ar lafar, nid ydynt yn dderbyniol mewn iaith ffurfiol.) Y canlyniad yw ffurf ysgrifenedig sy'n hanner a hanner, e.e. *y tair fawr; y pedair fach.*

47. Os nad yw'r ansoddair sy'n dilyn y rhifol ar ei ben ei hun, ond yn disgrifio enw sy'n ei ddilyn, yna mae'n cael ei gyfrif gyda'r enw hwnnw, e.e. *tri chadarn ŵr* (nid 'tri cadarn ŵr').

un (benywaidd)

48. rhifol: Treiglad Meddal (ac eithrio 'll' a 'rh'), e.e. *un ferch; un llong.*

49. 'blynedd' a 'blwydd': Treiglad Trwynol mewn rhifau cyfansawdd, e.e. *un mlynedd ar ddeg.*

50. enw: Treiglad Meddal (gan gynnwys 'll' a 'rh'), e.e. *Mae'r afon yn un lydan; un lawen yw hi.*

51. ansoddair: os ystyr 'un' yw 'yn debyg i' neu 'yr un fath â', fe'i dilynir gan Dreiglad Meddal (gan gynnwys 'll' a 'rh'), e.e. *Mae ganddo'r un lef â'i dad.*

52. os yw 'un' yn golygu 'yr union un', fe'i dilynir gan Dreiglad Meddal (ac eithrio 'll' a 'rh'), e.e. *Maen nhw'n gwasanaethu ar yr un llong.*

un (gwrywaidd)

53. 'Does dim treiglad fel arfer, OND

54. fel ansoddair, os ystyr 'un' yw 'yn debyg i' neu 'yr un fath â', fe'i dilynir gan Dreiglad Meddal (gan gynnwys 'll' a 'rh'), e.e. *yr un gerddediad â'i dad; yr un lygaid â'i mam; dillad o'r un doriad.*

55. os ystyr 'un' yw 'yr union un', dim ond enwau benywaidd sy'n treiglo, e.e. *byw yn yr un dref,* ond *byw yn yr un tŷ.*

dau

56. enw : Treiglad Meddal, e.e. *dau lyfr.*
57. ansoddair: Treiglad Meddal, e.e. *dau dew; dau ragorol.*
Sylwch: mae 'dau' yn treiglo ar ôl y fannod, e.e. *y ddau fachgen.*

dwy

58. enw : Treiglad Meddal, e.e *dwy ferch; dwy raff.*
59. ansoddair: Treiglad Meddal, e.e. *dwy lawen; dwy dew.*
Sylwch: mae 'dwy' yn treiglo ar ôl y fannod, e.e. *y ddwy wraig;* 'dau' a 'dwy' yw'r unig rifolion sy'n treiglo fel hyn.

tri

60. enw: Treiglad Llaes, e.e. *tri chi.*
61. ansoddair: ar ei ben ei hun, dim treiglad, e.e. *tri cyflym; tri tew*
62. OND os daw'r ansoddair o flaen enw, Treiglad Llaes, e.e. *tri chadarn ŵr* (gw. **46** uchod).

tair

63. ansoddair: Treiglad Meddal, e.e. *tair fawr* (gw. **46** uchod).

pedair

64. ansoddair: Treiglad Meddal, e.e. *pedair fach* (gw. **46** uchod).

pum

65. 'blynedd' a 'blwydd': Treiglad Trwynol, e.e. *pum mlwydd oed.*
66. ansoddair: os yw 'pum' yn cyfeirio at enw benywaidd, Treiglad Meddal, e.e. *pum dew* (gw. **46** uchod).

chwe

67. enw: Treiglad Llaes, e.e. *chwe chath.*

68. ansoddair: ar ei ben ei hun, dim treiglad, e.e. *chwe cadarn.*
69. OND os daw'r ansoddair o flaen enw, Treiglad Llaes, e.e. *chwe chadarn ŵr* (gw. **46** uchod).
70. 'blynedd', 'blwydd': dim treiglad, e.e. *chwe blwydd oed;* erbyn heddiw derbynnir *chwe mlwydd* hefyd.

saith, wyth
71. 'can', 'ceiniog', 'punt', 'pwys' : (anaml erbyn hyn) Treiglad Meddal, e.e. *saith bunt.*

saith, wyth, naw, deng, deuddeng, pymtheng, deunaw, ugain, deugain, trigain, can
72. 'blynedd' a 'blwydd': Treiglad Trwynol, e.e. *saith mlynedd; can mlynedd.*

Y Trefnolion
cyntaf
73. gan ei fod yn radd eithaf ansoddair, nid yw'n achosi Treiglad Meddal (gw. **1** uchod).

ail
74. Treiglad Meddal, e.e. *yr ail ŵr a'r ail wraig.*

pob trefnol arall
75. enw benywaidd: Treiglad Meddal, e.e. *pumed ferch; wythfed wraig; yr unfed long ar hugain.*
76. Sylwch: mae'r trefnol benywaidd ei hun yn treiglo'n feddal ar ôl y fannod, e.e. *y ddegfed long ar hugain; y bumed gyfrol.*
Hyd yn oed os dealledig yn unig yw'r enw benywaidd, e.e. *Hi oedd y bumed.*

Y RHANNAU YMADRODD

Un swyddogaeth yn unig sydd gan lawer o eiriau mewn brawddeg, ond mae geiriau eraill sy'n gallu newid eu swyddogaeth a throi o fod yn un rhan ymadrodd i fod yn rhan ymadrodd arall yn ôl eu gwaith ar y pryd. Yn *Mae Elen yn canu*, berf yw 'canu', ond yn *A glywaist ti'r canu da?*, enw yw 'canu'. 'Yn' berfenwol a geir yn *Mae Elen yn canu*; 'yn' traethiadol ac adferfol a geir yn *Mae Elen yn ferch a redodd yn dda*; ac arddodiad yw'r 'yn' yn *Mae Elen yn Aberystwyth*. Ystyriwch wedyn *y tri cyntaf* (the first three), lle y mae 'cyntaf' yn drefnol; *enillodd dri chyntaf yn y sioe* (three firsts), lle mae 'cyntaf' yn enw; a *Dere adre gyntaf y medri di*, lle y mae 'cyntaf' yn adferf.

Er mwyn deall paham y mae geiriau yn treiglo yn rhinwedd eu gwaith o fewn brawddeg, rhaid wrth wybodaeth am rannau ymadrodd a chais i egluro swyddogaeth y prif rannau ymadrodd a geir yn yr adran ddilynol.

1.   **ENW**: fel y mae'r gair ei hun yn awgrymu, yr hyn y mae rhywun, rhywle neu rywbeth yn cael ei alw.

ENW PERSON yw John, Mair, Ifan etc.

ENW LLE yw Caerdydd, Caernarfon, Llundain etc.

ENW PRIOD yw'r term am berson, lle neu rywbeth unigol sy'n arfer cael ei gyflwyno gan briflythyren.

Mae ENWAU CYFFREDIN Cymraeg yn gallu cael eu dilyn gan 'hwn', 'hon' neu 'hyn'.

ENW GWRYWAIDD sy'n cael ei ddilyn gan 'hwn', e.e. *y bachgen hwn*; *y bwrdd hwn*.

ENW BENYWAIDD sy'n cael ei ddilyn gan 'hon', e.e. *y ferch hon*; *y ford hon*.

ENW LLUOSOG sy'n cael ei ddilyn gan 'hyn', e.e. *y bechgyn hyn*; *y byrddau hyn*; *y merched hyn*; *y bordydd hyn*, er y gall 'hyn' weithiau gyfeirio at beth unigol, e.e. *arhoswch fan hyn*.

ENW TORFOL yw enw unigol (gwrywaidd neu fenywaidd) a ddefnyddir am gasgliad o bobl neu bethau, e.e. 'torf', 'pobl', 'had', 'byddin'.

2. **ANSODDAIR:** gair sy'n disgrifio enw neu sydd yn dweud rhywbeth am enw, e.e. *car coch*; *menyw dew*; *dyn tal*; lle y mae 'coch', 'tew' a 'tal' yn ansoddeiriau.

Gellir defnyddio gwahanol ffurfiau ar yr ansoddair i gymharu pethau, e.e. pe baech chi am ddweud pa mor dda yw tri pheth o'u cymharu â'i gilydd, *Nid yw hwn cystal â'r ddau arall, mae hwn yn well ond dyma'r gorau.* Mae pedair gradd cymhariaeth i'r ansoddair yn Gymraeg:

Y Radd Gysefin	Y Radd Gyfartal	Y Radd Gymharol	Y Radd Eithaf
mawr	cymaint	mwy	mwyaf
da	cystal	gwell	gorau
gwyrdd	mor wyrdd	mwy gwyrdd	mwyaf gwyrdd
gwyn	cyn wynned	yn wynnach	y gwynnaf

Yn ogystal â dangos p'un yw'r 'gorau', 'mwyaf', 'gwaelaf' ac ati, gellir defnyddio'r Radd Eithaf yn Gymraeg i bwysleisio pa mor dda, mawr, gwael etc. yw'r hyn a ddisgrifir, heb fod yn cymharu'r gwrthrych â neb na dim arall. Dilynir y Radd Eithaf gan Dreiglad Meddal pan ddefnyddir hi fel hyn, e.e. *Ardderchocaf Frenin*; *Parchedicaf Dad.*

3. **BERFENW:** enw a roddir ar weithgarwch. Weithiau mae'n weithgarwch amlwg fel 'rhedeg' neu 'gweithio', dro arall efallai nad yw mor amlwg, e.e. 'bod' neu 'byw'.

Mae'n cael ei enwi'n **ferfenw** oherwydd fe all weithredu fel **enw** weithiau, e.e. *y canu da*; *y darllen gwael*.

4. **BERF:** ffurf ar y **berfenw** sy'n dweud PRYD y digwyddodd rhyw weithgarwch, ac yn aml iawn, PWY a'i cyflawnodd, e.e. *Gwelodd Dafydd*; *bydd Mair yn hapus*; *Af i*, lle y mae *gwelodd, bydd* ac *af* yn ferfau.

FFURF BERSONOL y ferf yw ffurf sy'n cynnwys gwybodaeth am y sawl sy'n cyflawni'r weithred (fel y berfau uchod).

FFURF AMHERSONOL y ferf yw ffurf nad yw'n dweud pwy

sy'n cyflawni'r gweithgarwch, dim ond iddo gael ei gyflawni, e.e. *Adroddir yn y papur; Dywedwyd wrtho am adael; Bydded hysbys.*
Gellir defnyddio dwy ffurf ar y ferf yn Gymraeg:
Y FFURF GRYNO, sef y ffurf a geir wrth 'redeg' y ferf, e.e. *af i, ei di, â ef, â hi* etc. Ac eithrio'r ffurfiau amhersonol, cynhwysir y person a'r amser yn y ffurf gryno, heb eisiau dim arall, e.e. *af; gwnawn; dewch.*
Y FFURF GWMPASOG neu'r FFURF BERIFFRASTIG yw'r ffordd hir sy'n defnyddio'r berfenw, e.e. *Byddaf yn mynd; Yr ydym yn gwneud; Gadewch inni ddod.*

5. **Y FANNOD**: 'y', 'yr' neu "r', sef y geiryn a ddefnyddir i ddangos eich bod yn sôn am rywbeth penodol neu arbennig. Ystyriwch y gwahaniaeth rhwng *Gwelodd Mair ddyn* (rhagor na chath neu geffyl neu wraig) a *Gwelodd Mair y dyn* (sef dyn arbennig unigol).

6. **ARDDODIAD**: gair sy'n dangos y berthynas rhwng enw neu ragenw a gair arall mewn brawddeg. Yn y frawddeg *Mae'r dyn . . . y car*, gellir defnyddio 'yn', 'ar', 'dan' i ddangos union berthynas y dyn a'r car; arddodiaid yw'r rhain.

7. **ADFERF**: gair sy'n ychwanegu at ein gwybodaeth am :
1.0 **ferf**
2.0 **ansoddair**
3.0 **adferf** arall.
Fel arfer mae'n 'disgrifio' neu yn dweud mwy wrthym am weithred berf. Y ffordd fwyaf cyffredin o lunio adferf yw trwy defnyddio 'yn' o flaen ansoddair, e.e. *Rhedodd yn dda; Awn yn gyflym; R wy'n mynd yn fore.* Ond ceir geiriau unigol ac ymadroddion yn cyflawni swydd adferf hefyd, e.e.
1.0 *Cyrhaeddodd ddoe; Fe'th welaf cyn bo hir* (yn cyfeiro at ferf).
2.0 *Da iawn; y gwaethaf erioed* (yn cyfeirio at ansoddair).
3.0 *Unwaith eto; llawer mwy* (yn cyfeirio at adferf).
Mae'r adferf yn rhan ymadrodd sy'n ymddangos mewn llawer ffurf: *eisoes; y llynedd; ar frys; o gwbl; o'r gorau; iawn; ofnadwy; cyn bo hir; y naill . . . y llall* etc. ac o'r herwydd nid yw mor hawdd ei

adnabod bob tro â rhai o'r rhannau ymadrodd eraill.

8. **RHIFOLION**: ceir dau brif ddosbarth o rifolion:
   RHIFOLION SYLFAENOL un, dau, dwy, tri, tair etc.
   TREFNOLION sy'n cael eu defnyddio i ddangos trefn rhestr o
   bethau, e.e. *cyntaf; ail; trydydd* etc.
   RHIF CYFANSAWDD sef rhif wedi'i adeiladu o rifau unigol
   eraill, e.e. *un ar bymtheg; deuddeg ar hugain; un ar ddeg a thrigain.*

9. **Y FRAWDDEG**: mae i bob brawddeg ddwy ran:

10. **Y GODDRYCH**: sef pwy neu beth sy'n cyflawni gweithred y
    ferf. Weithiau, fe enwir y goddrych, e.e. yn *Enillodd Ifan y ras,* 'Ifan'
    yw'r goddrych; ond yn Gymraeg, fe all y goddrych fod ymhlyg yn
    ffurf gryno'r ferf, e.e. yn *Gwelais long ar y glas li,* mae'r terfyniad *-ais,*
    sy'n cyfeirio at 'fi' (neu 'i' yn hytrach), yn cynnwys y goddrych
    cudd yma.

11. **Y TRAETHIAD**: yw'r rhan o'r frawddeg sy'n sôn am y
    goddrych, ac sydd, gan amlaf, yn cynnwys y brif ferf.
    Felly yn y frawddeg gyntaf uchod, *Enillodd y ras* yw'r traethiad, ac
    yn yr ail frawddeg, *Gwelais long ar y glas li* i gyd yw'r traethiad.

12. **'YN' TRAETHIADOL**: er mwyn gwahaniaethu rhwng gwahanol
    swyddogaethau 'yn', fe elwir yr 'yn' sy'n dod o flaen berfenw yn
    'yn' berfenwol, e.e. *Bydd yn canu; Rwy'n mynd;* **'yn' traethiadol**
    yw'r 'yn' sy'n dod o flaen enw neu ansoddair ac sy'n disgrifio neu
    yn ychwanegu at ein gwybodaeth am oddrych brawddeg, e.e.
    Roedd Elin yn dda; Mae Caerdydd yn ddinas; Rwy'n brifathro; mae'r
    'yn' adferfol yn gweithredu yn union yr un ffordd ond mae'n
    cyflwyno ansoddair sy'n dweud mwy wrthym am ferf neu ferfenw,
    e.e. *Rhedodd yn gyflym; Canasom yn dda.* Gan amlaf cynhwysir yr
    'yn' adferfol yma yn y term 'yn traethiadol'.
    (Arddodiad yw'r 'yn' yn *Mae'r ci â'i ben yn y tun.*)

13. **GWRTHRYCH**: yr enw (neu'r hyn a gewch yn lle enw) y mae
    gweithred y ferf yn effeithio arno. Yn *Gwelodd John y bêl,* 'pêl' yw'r
    gwrthrych; yn *Dawnsiais walts,* 'walts', ac yn *Rwy'n ei charu,* 'ei' yw'r
    gwrthrych.

14. **CYMAL ENWOL**: cymal sy'n cymryd lle enw mewn brawddeg, yn arbennig pan fydd yn cymryd lle enw fel gwrthrych berf, e.e. yn y frawddeg *Mae'r athrawes yn dweud stori*, 'athrawes' yw'r goddrych a 'stori' yw'r gwrthrych, ond yn y frawddeg *Mae'r athrawes yn dweud fod darllen yn bwysig*, cymal cyfan–'fod darllen yn bwysig'–yw'r gwrthrych. Dyma'r cymal enwol.

15. Mae **BRAWDDEG ENWOL** yn rhywbeth gwahanol. Brawddeg heb ferf ydyw, neu yn hytrach frawddeg heb ferf yn ei thraethiad. Nid yw'n ffurf arferol ac fe'i ceir gan amlaf mewn diarhebion, e.e. *Hir pob aros*; *Cyfaill blaidd bugail diog*. Ond, wrth gwrs, swyddogaeth berf yw dynodi amser, ac os oes angen dangos amser yn y math yma o frawddeg, gellir defnyddio ffurfiau o 'bod', e.e. *Hir yw pob aros*; *Hir fu pob aros*; *Hir fydd pob aros*.

16. **Y GENIDOL**: y cyflwr sy'n dangos perchenogaeth, neu bod rhywbeth yn eiddo i rywun neu rywbeth. Gellir ffurfio'r cyflwr genidol yn Gymraeg trwy osod dau enw (neu enw a berfenw) ochr yn ochr, e.e. *cap bachgen*; *merch bugail*; *calon mam*. OND nid genidol yw pob enw sy'n dilyn enw arall, fe all yr ail enw fod yn disgrifio'r enw cyntaf, e.e. *cwpan te* (rhagor na chwpan coffi), ac nid sôn am berchenogaeth y mae 'pridd' a 'gwedd' yn *bwthyn pridd*; *padell bridd*; *ceffyl gwedd*; *caseg wedd*, ond gweithio yn hytrach fel ansoddeiriau.

Fe welir o'r enghreifftiau, e.e. *merch bugail*; *calon mam*, nid yw enw sy'n dilyn enw benywaidd yn treiglo'n Feddal mewn cystrawen enidol, ond mewn cystrawen 'ansoddeiriol', mae'r enw/berfenw disgrifiadol **yn** treiglo'n Feddal (yr un ffordd ag ansoddair), e.e. *llwy de*; *cymanfa ganu*.

Gwahaniaeth arall rhwng y ddwy gystrawen yw lleoliad y fannod (y). Nid yw '*y cap bachgen*' neu '*y galon mam*' yn dderbyniol o gwbl mewn cystrawen enidol, ond y mae *y llwy de* a *y ceffyl gwedd* yn hollol gywir mewn cystrawen ansoddeiriol.

Weithiau y mae adnabod y ffin rhwng y naill gystrawen a'r llall yn anodd, ystyriwch y gwahaniaeth rhwng *Siop Llyfrau Da*, sy'n sôn am natur y llyfrau a geir yn y siop 'Siop (y) llyfrau da', ac yna *Siop Lyfrau Dda* sy'n disgrifio'r siop, nid natur y llyfrau sef '(Y) Siop Lyfrau Da', ac fe welwch fe all y weithred o osod 'y' mewn cymal fel hyn fod yn gymorth i ddadansoddi ai genidol neu ansoddeiriol yw'r cymal, ac a ddylid treiglo ar ôl enw benywaidd neu beidio, e.e *Yr Adran Gymraeg* (sef adran sy'n gweithredu trwy gyfrwng yr iaith Gymraeg); *Adran Y Gymraeg* (sef Adran sy'n astudio'r Gymraeg trwy gyfrwng Ffrangeg, Almaeneg, Saesneg neu unrhyw iaith arall). Er rhaid cyfaddef hyd yn oed wedyn ffin denau anodd ei dirnad sydd rhwng y ddwy gystrawen ar adegau.

17. **SANGIAD**: Trefn symlaf y frawddeg Gymraeg yw **berf+ goddrych**, e.e. *Mae ceffyl (yma)*. Os newidir y drefn yma, neu os daw ymadrodd rhwng y ferf a'i goddrych, ceir **sangiad** a Threiglad Meddal yn ei ddilyn, e.e. *Mae yma geffyl*. Sangiad sy'n gyfrifol am y treiglad yn y frawddeg *Mae gennyf geffyl* gan taw *Mae ceffyl gennyf* yw rhediad normal y frawddeg. Felly, ceir yr un treiglad yn y frawddeg *Mae gyda fi geffyl* er nad yw 'gyda' yn achosi Treiglad Meddal.

SOME RULES OF MUTATION

The figures in brackets refer to the parts of speech explained on pages 87-92.

Treiglad Meddal in a Noun (1) occurs:

1. when it follows an adjective in its basic form (i.e. in the positive degree, e.g. *hen faneg; annwyl gyfeillion*.
   Likewise in compound words, e.g. *prifddinas; is-gapten*. *Peth, pob, rhai* and *sawl* are exceptions, e.g. *peth bwyd; pob dyn; rhai merched; sawl gwaith*.
   N.B.: no mutation follows the equative nor comparative degrees of the adjective, e.g. *cystal dyn; gwell diwrnod*; likewise with *mor* and *mwy*, e.g. *mor garedig merch; mwy cyfeillgar gwraig*. Normally no mutation follows the superlative degree of the adjective, e.g. *cyntaf peth*, except when the superlative degree is used to emphasize or underline the size or extent of the attribute, rather than comparing it in any way with something else, e.g. *ardderchocaf frenin; anwylaf dad*.

2. when it is the object (13) of the short (i.e. inflected) personal form of the verb (4) (not so the impersonal form), e.g. *Gwelais long; Prynodd docynnau*, but *Gwelwyd llong; Prynir tocynnau*.
   N.B.: in a list of such nouns, only the first mutates, e.e. *Gwerthai grysau, cotiau, dillad babis* . . . The mutation occurs even though the subject (10) may come between the verb and the object, e.g. *Gwelodd y dynion, y merched a'r plant long fawr yn suddo*.

3. when two words which would normally follow one another are interrupted (i.e. following interpolation), e.g. *Rhedodd ato gi bach du* rather than the more common 'Rhedodd ci bach du ato'; *Gwelir hefyd restr o rannau ymadrodd yn y cefn*, rather than 'Gwelir rhestr o rannau ymadrodd hefyd . . .'

4. when used as a 'surname' or title following a personal name, in order to denote a post or special relationship, e.g. *Dafydd Frenin; Ioan Fedyddiwr*.

5. in apposition, i.e. in denoting a post or relationship as above, but with pronouns like 'mi'; 'minnau'; 'ti'; 'tithau' etc., e.g. *A minnau, brifathro ysgol*; *Tithau, dwpsyn dwl.*

6. in apposition to an exclamation or command. Strictly speaking this means that such a greeting would **not** mutate at the start of a sentence, e.g. *Boneddigion, ystyriwch! Bechgyn, byddwch ddistaw! Duw mawr y rhyfeddodau maith.* However, it must be said that there are numerous examples of such mutation, e.g. *Foneddigion a Boneddigesau*; *Blantos, ewch*, particularly if it may be construed that there is an implied pronoun in the construction, **Chwi** *Foneddigion etc.* (cf. **5**). Yet it would be more correct, in formal literary Welsh, **not** to mutate a greeting that starts a sentence. When the greeting occurs within a sentence, then mutation takes place, e.g. *Ble buoch chi, fechgyn? Dere, ferch!*
N.B.: personal names do not normally mutate, nor *Duw* nor *Crist*, e.g. *Ble buost ti, Dafydd?*

7. in an exclamation (i.e. following an interjection in the vocative case), e.g. *O dad! Ha, wŷr! Ust, blant!* Again personal names do not normally mutate, but here 'Crist' and 'Duw' do mutate, e.g. *O Dduw!*

8. when it functions as an adverb (7) denoting **time**, e.g. *Rwy'n mynd fis i heddiw*; *Bûm yno ddoe*; *Fe'i gwelwyd ganol dydd golau*; **measure**, e.g. *ganllath o gopa'r mynydd*; *Fe'i gwelwyd filltir i ffwrdd*; or **a way or means of undertaking something**, e.g. *Rhyw berfformio rywsut, rywsut a gafwyd gan y cwmni.*
This is the effect when the normal sequence involving a numeral or noun is reversed when such expressions as 'mil o dafodau' become *tafodau fil*; 'llu o fargeinion' becomes *bargeinion lu*; *problemau rif y gwlith* etc.
However this 'adverbial' noun does not mutate when it is followed by an adjective in the superlative degree, owing to the implied 'y' in the construction, e.g. *rhyw filltir (y) man pellaf*; *hyn sy'n wir (y) rhan fynychaf.*

9. when it functions as an adjective (describing the nature or charac-
teristics of the noun), following a feminine singular noun (1), e.g.
llwy de; *gardd flodau.*
HOWEVER, if the function of the noun is purely genitive (16), i.e.
denoting possession or ownership, then there is no mutation, e.g.
Prifysgol Cymru; *Llywodraeth Lloegr.* Two long established exceptions
are *Eglwys Loegr* and *Gŵyl Ddewi* (although *Gŵyl Dewi* is more
common of late).

10. when a feminine singular noun follows an ordinal number (8), in
which case both the noun and numeral (if it follows 'y') mutate,
e.g. *y drydedd ferch*; *y ddegfed long.*
If two nouns follow each other, e.g. *nos Lun*, then any adjectives
which *follow* are governed by the gender of the *second* noun, e.g.
nos Lun diwethaf. Any numeral *preceding* the nouns is governed by
the gender of the *first* noun, e.g. *dwy nos Lun*, therefore *am y
ddwy nos Lun diwethaf.*

Treiglad Meddal takes place in an ADJECTIVE (2):

11. when it follows a feminine singular noun, e.g. *cath fach*; *merch fawr.*
If more than one adjective follows the noun, they all mutate, e.g.
cath fach ddu, ddof. There are some exceptions–'braf' never
mutates, likewise 'gyferbyn'. In North Wales 'bach' frequently
withstands mutation, especially if it conveys an element of
affection, e.g. *Yr Hen Wraig Bach a'i Mochyn.* Due to common and
frequent usage, *nos da* and *wythnos diwethaf* are long standing
exceptions.

12. when it functions as an object to the inflected personal form of
the verb (cf. **2** above), e.g. *Gwelais wir athrylith ar waith. Ni welais
gymaint o dlodi mewn gwlad.* HOWEVER, the equative degree of
the adjective does not mutate if there is a verb in the predicate of
the sentence, *A fyddwch cystal â mynd? Aeth cynddrwg fel bu raid iddo
dderbyn triniaeth.*

13. when it follows the feminine numeral 'un' (including 'll' and 'rh'),
e.g. *un fach*; *un lawen awr.*
14. following the numerals 'dau' and 'dwy', e.g. *dau fach*; *dwy fawr.*
15. following the numerals 'tair', 'pedair' and 'pum' (feminine), e.g. *tair dew*; *pedair olygus*; *pum wych.*
16. when it falls between the definite article (5) and a feminine singular noun (including 'll' and 'rh'), e.g. *y lwyd wawr.* NOTE: 'cyfryw' and 'cyffelyb' are two exceptions–*y cyfryw ferch*; *y cyffelyb dref.*
17. when it follows the definite article (5) if the adjective refers to a feminine singular noun (including 'll' and 'rh'), e.g. *hi yw'r bertaf*; *y lonnaf o ferched.*
18. if there is an interruption to the normal or basic pattern of the sentence, e.g. *Ni welwyd erioed bertach blodau,* rather than 'Ni welwyd pertach blodau erioed' (i.e. following interpolation).
19. when it functions in its basic form (i.e. in the positive degree) as an adverb by following another adjective, e.g. *yn wlyb ddiferol*; *yn dda ddychrynllyd.* N.B.: this does not hold for adjectives in the comparative or superlative degrees, e.g. *llai gwlyb*; *lleiaf cywir* or 'bach' as in *yn ddistaw bach.*
20. when the superlative degree (2) functions as an adverb (7) without a preceding 'yn' or 'y', e.g. *Hi ganodd orau*; *Daeth yma gyntaf* (see also **42** below).
21. when repeated after 'yn', e.g. *yn ddistaw, ddistaw.*
22 when used as a 'surname' or means of distinguishing between two people (or on occasion, places) of the same name, as opposed to describing the detailed nature of the person (or place), e.g. *Dafydd Ddu Eryri*; *Iolo Goch*; *Penglanowen Fawr*; *Penglanowen Fach.*
With regard to personal names 'bach' does not mutate, e.g. *Ifor Bach,* neither does 'llwyd' when it means 'grey', e.g. *Dafydd Llwyd*; *Morfudd Llwyd.* However, when 'llwyd' means 'holy', it mutates, e.g. *Beuno Lwyd.* Also there are some very old names, which resist mutation, reflecting an older construction no longer in use, e.g. *Rhodri Mawr.*

23. when in the equative degree (2) it is used without 'cyn' to convey surprise or astonishment, e.g. *drymed y nos.*

24. in apposition (as in **4** and **5** above), e.g. *Aethom bob yn ddau.*

Treiglad Meddal takes place in a VERB-NOUN (3):

25. when it follows an adjective which qualifies (i.e. describes) it, e.g. *distaw ganu; prysur ddiflannu* (see also note **40**).

N.B.: it can follow an adjective which does not refer to the verb-noun, in which case there is no mutation, e.g. *Mae'n hyfryd canu yn y lle hwn.*

26. when it is the object (13) of the inflected (i.e. short) personal form of the verb (4), e.g. *Dechreuodd ganu.* (Not so the Impersonal form, e.g. *Dechreuir canu.*)

N.B.: if there is a list, only the first one mutates, e.g. in instructions, *Dylech grafu'r llestri, rhedeg dŵr drostynt, gosod y cyfan . . .*

27. when it functions as an adjective (2) (describing the nature or characteristics of the noun), following a feminine singular noun, e.g. *cymanfa ganu; buddai gorddi* (see also note **9**).

28. if there is an interruption to the normal or basic pattern of the sentence (i.e. following interpolation), e.g. *Mae'n dda weithiau gerdded yn y lle yma,* rather than the more normal 'Mae'n dda cerdded weithiau yn y lle yma.'

29. when it functions as a noun following the predicative 'yn', e.g. *Mae hwn yn ganu da.*

Treiglad Meddal takes place in certain VERBS (4):

30. when they are used parenthetically (in passing as it were) to express an opinion or feelings, e.g. *Hynny, dybiwn i, sydd orau; Beth, gredwch chwi, yw prif nodweddion y maes?* Sylwch : mae 'medd' yn eithriad, e.e. *Hynny, meddwn i, sydd orau; Beth, meddech chi, yw prif nodweddion y maes?*

Treiglad Meddal takes place in the Verb 'BOD' :

31. when it is the subject (10) of a noun-predicate sentence (15), i.e. if, in English, it were translated as 'that', e.g. *Onid yw'n rhyfedd fod dynion yn gallu gwneud hyn? Y gwir yw fod Dafydd yn sâl.*

32. when it introduces a noun-clause (14) (i.e. a clause which functions as the object (13) of a verb), e.g. *Dywedodd John fod popeth yn iawn.* UNLIKE **26** above, there are two additional circumstances when 'bod' may mutate, and with these two only, you have the option of whether to use the mutation or not:

a) following the verb-noun, e.g. *Maen nhw'n dweud fod popeth yn iawn*; or

b) following the Impersonal form of the verb, e.g. *Dywedir fod popeth yn iawn.*

Whether you accept or reject the option, it is important to be consistent thereafter.

The mutation occurs even though the subject (10) may fall between the verb and the noun clause, e.g. *Dywedodd y dynion, y gwragedd, y bechgyn a'r merched fod popeth yn iawn.*

33. in clauses such as *llwm yw'r tir; llym yw'r awel; beth yw hwn*, when 'yw' is replaced by other forms of 'bod', e.g. *llwm fydd y tir; llym fu'r awel; beth fyddai hwn?*

34. it sometimes mutates after 'efallai', especially where 'efallai' could be understood as reverting to the original 'ef: fe allai' together with 'bod' introducing a noun clause, e.g. *Efallai fod popeth yn iawn.*

Treiglad Meddal takes place in Adverbs (7):

35. which denote:

1. time

2. place or measuremnent

3. a manner or means of doing, e.g.

1. *A wnei di alw fis i heddiw?*

2. *Saethodd y bwled fodfeddi'n unig heibio'i glust.*

3. *Rhyw berfformiad rywsut rywsut a gafwyd gan y cwmni.*

Some frequently used adverbs have retained a more or less permanent mutation, e.g. *ddoe; ddim; weithiau; gartref.*

'Llawer' mutates when it follows the comparative degree of the adjective, e.e. *yn fwy lawer; yn llai lawer.*

In the past, adverbs at the start of a sentence used not to be mutated; the practice persisted with adverbs starting with 'll' and 'rh'. Current usage mutates all letters, including 'll' and 'rh', at the start of a sentence, e.g. *Ganllath o gopa'r mynydd; Lawer tro bûm yno.* HOWEVER, the mutation does not occur if the adverb is used to emphasise part of a sentence. When used in this way it is followed by 'y/yr' and a relative clause, and should not then be mutated, e.g. 'Af i loncian liw nos'; *Liw nos af i loncian* (no emphasis); *Lliw nos yr af i loncian* (emphasis); *Lawer gwaith bûm yno* (adferf); *Llawer gwaith y bûm yno* (emphasis).

Prepositions (6)

36. Learn the following verse for the prepositions followed by Treiglad Meddal:

Am, ar, at,

I, o, gan,

Hyd, heb, wrth,

Dros, drwy, dan.

Including the conjugated forms, e.g. *Roedd ganddo ben tost; Mae arnat bunt i mi.*

37. 'â', 'gyda', 'tua' (and formerly 'efo') are followed by Treiglad Llaes.

38. the preposition 'yn' (ym: yng) is followed by Treiglad Trwynol.

INDEPENDENT PERSONAL PRONOUNS mutate:

39. if they are the object of the impersonal form of the verb, e.g. *poener dithau.*

YN (12)

40. no mutation follows the 'yn' that precedes a verb-noun (12), e.g. *Mae Dafydd yn byw mewn carafán*; *Mae Siân yn canu yn y côr*, not even when the verb-noun is preceded by an adjective which causes a mutation in the verb-noun, e.g. 'prysur ddiflannu', *Mae'r tir yn prysur ddiflannu.* HOWEVER, if the verb-noun is used as a noun (3), e.g. *y canu da; y cerdded cyflym*, then it is preceded by the predicative 'yn' which is followed by Treiglad Meddal, *Mae hwn yn ganu da; Mae hyn yn gerdded cyflym.*

41. Treiglad Meddal (excepting 'll' and 'rh') follows the predicative and adverbial 'yn' (12), e.g. *Mae Dafydd yn fachgen da; Mae'r tŷ yn wag; Mae hi'n rhedeg yn gyflym.*

42. even when the predicative and adverbial 'yn' is omitted, the mutation stands, e.g. *hi a ganodd orau* (yn orau); *daeth yma gyntaf* (yn gyntaf); *teithio gorff ac enaid* (yn gorff ac enaid). Likewise *Bydd fyw* (yn fyw); *bydd raid* (bydd yn rhaid).

43. the preposition 'yn' (6 and 12) is followed by Treiglad Trwynol, and in its turn becomes 'ym' or 'yng', e.g. *yn Ninbych; ym Mhontypridd; yng Nghaernarfon.*

Mutations following Numerals

44. the normal practice in Welsh is for a numeral to precede a noun; however, if the numeral follows a (plural) noun, the numeral mutates, e.g. *tafodau fil; brodyr dri; rhyfeddodau fyrdd* (see **8** above).

45. Treiglad Meddal takes place if a numeral plus 'blwydd' follows a feminine singular noun, e.g. *gafr dair blwydd*, but *hwrdd tair blwydd.*

46. 'un' (masculine and feminine), 'dau' and 'dwy' cause mutations as listed below. In the case of other numerals, it can be generally stated that an adjective alone following the numeral describes (or qualifies) the numeral which appears to act as a noun, e.g. *tri cadarn; tri tew*, rather than the numeral 'counting' the adjective which would result in 'tri chadarn' or 'tri thew', which is not the case. Because the numeral appears to act as a noun, then the feminine numerals 'tair', 'pedair' and 'pum' (when referring to a feminine noun) appear to be feminine singular nouns, and by today cause the mutation to be expected in the case of an adjective following a feminine singular noun, i.e. *tair dew*; *pedair dlos*; *pum wych*. HOWEVER, 'tair', 'pedair' and 'pum' are not feminine singular nouns, they are numerals and *y tair gwraig* and *y pedair merch* are still the only acceptable forms in written Welsh. In the vernacular 'y dair wraig' and 'y bedair ferch' are common, but the written language is half *y tair* and half *dew*. Which is an example of one element of the language in a state of change.

47. if the adjective is not alone, but qualifies a noun, then the adjective is counted together with the noun (cf. **46** above), e.g. *tri chadarn ŵr* (not 'tri cadarn ŵr').

un (feminine)

48. numeral: Treiglad Meddal (except 'll' and 'rh'), e.g. *un ferch*; *un llong*.
49. 'blynedd' and 'blwydd': Treiglad Trwynol in composite numerals, e.g. *un mlynedd ar ddeg*.
50. noun: Treiglad Meddal (including 'll' and 'rh'), e.g. *Mae'r afon yn un lydan*; *un lawen yw hi*.
51. adjective: if the meaning is 'similar to' or 'like', it is followed by Treiglad Meddal (including 'll' and 'rh'), e.g. *Mae ganddo'r un lef â'i dad*.
52. if the meaning is 'one and the same', it is again followed by Treiglad Meddal, but this time with the exception of 'll' and 'rh', e.g. *Maen nhw'n gwasanaethu ar yr un llong*.

un (masculine)

53. No mutation normally, BUT
54. as an adjective with the meaning 'similar to' or 'like', it is followed by Treiglad Meddal, e.g. *yr un gerddediad â'i dad*; *yr un lygaid â'i mam*; *dillad o'r un doriad*.

55. HOWEVER, if the meaning is 'one and the same', only feminine nouns mutate, e.g. *byw yn yr un pentref; byw yn yr un dref.*

dau

56. noun: Treiglad Meddal, e.g. *dau lyfr.*
57. adjective: Treiglad Meddal, e.g. *dau dew; dau ragorol.*
NOTE: 'dau' mutates following 'y', e.g. *y ddau fachgen.*

dwy

58. noun: Treiglad Meddal, e.g. *dwy ferch; dwy raff.*
59. adjective: Treiglad Meddal, e.g. *dwy lawen; dwy dew.*
NOTE: 'dwy' like 'dau' mutates following 'y', e.g. *y ddwy ferch,* and these are the only two cardinal numbers to mutate in this way.

tri

60. noun: Treiglad Llaes, e.g. *tri chi.*
61. adjective : alone, no mutation, e.g. *tri cyflym; tri tew.*
62. HOWEVER, if it precedes a noun, Treiglad Llaes, e.g. *tri chadarn ŵr* (see **46** above).

tair

63. adjective: Treiglad Meddal, e.g. *tair fawr* (see **46** above).

pedair

64. adjective: Treiglad Meddal, e.g. *pedair fach* (see **46** above).

pum

65. 'blynedd', 'blwydd', Treiglad Trwynol, e.g. *pum mlwydd oed.*
66. adjective: when referring to a feminine singular noun, Treiglad Meddal, e.g. *pum wych* (of females), *pump gwael* (of males).

chwe

67. noun: Treiglad Llaes, e.g. *chwe chath.*

68. adjective: alone, no mutation, e.g. *chwe cadarn.*

69. HOWEVER, if it qualifies a following noun, Treiglad Llaes, e.g. *chwe chadarn ŵr* (see note **46**).

70. 'blynedd', 'blwydd' : no mutation, e.g. *chwe blwydd oed;* but *chwe mlynedd* is increasingly acceptable.

saith, wyth

71. 'can', 'ceiniog', 'punt', 'pwys' : Treiglad Meddal (but infrequently used by now).

saith, wyth, naw, deng, deuddeng, pymtheng, deunaw, ugain, deugain, trigain, can

72. 'blynedd', 'blwydd': Treiglad Trwynol, e.g. *saith mlynedd; can mlynedd.*

Ordinal Numbers
cyntaf

73. as the superlative degree of an adjective it causes no mutation in either masculine or feminine nouns (see **1** above).

ail

74. Treiglad Meddal, e.g. *yr ail ŵr a'r ail wraig.*

Every other number (except cyntaf)

75. feminine noun: Treiglad Meddal, e.g. *pumed ferch; wythfed wraig; unfed long ar hugain.*

76. N.B.: the (feminine) numeral itself mutates when it follows the definite article, e.g. *y ddegfed long ar hugain, y bumed gyfrol,* even if the noun is only implied, e.g. *Hi oedd y bumed.*

PARTS OF SPEECH

Whereas many words fulfil only one function in a sentence, and are, as it were, fixed parts of speech, there are other words that change as parts of speech according to their function at the time. Take 'yn' as an obvious example: in *Mae Elen yn canu*, we get the preverbal 'yn'; in *Mae Elen yn ferch a redodd yn dda*, the predicative 'yn'; and in *Mae Elen yn Aberystwyth*, 'yn' is a preposition. A less obvious example perhaps is *Mae Elen yn canu*, where 'canu' is a verb, but in *A glywaist ti'r canu da ddydd Sul?* 'canu' is a noun, resulting in *Roedd hwnnw'n ganu da* (where 'canu' mutates). Consider again *y tri cyntaf* (the first three) where 'cyntaf' is an ordinal number; *Enillodd dri chyntaf yn y sioe* (three firsts), where 'cyntaf' is a noun, and *Dewch adre gyntaf y medri di*, where 'cyntaf' is an adverb.

In order to apply Treiglad Meddal caused by the role played by a word in a sentence, some understanding of parts of speech is necessary. There follows what is intended to be a fairly straightforward explanation of the major parts of speech.

1. A **NOUN** is the name given to something, e.g. *dyn, aderyn, glendid, gwirionedd.*

    PROPER NOUNS are those which name individual people, places or things, and are written with a capital letter, e.g. *Caerdydd, Dafydd, Llun, y Ddaear.*

    COMMON NOUNS (the remainder) in Welsh are followed by 'hwn', 'hon' or 'hyn'.

    MASCULINE NOUNS are followed by 'hwn', e.g. *y bachgen hwn; y bwrdd hwn.*

    FEMININE NOUNS are followed by 'hon', e.g. *y ferch hon; y ford hon.*

    PLURAL NOUNS are followed by 'hyn', e.g. *y bechgyn hyn; y byrddau hyn; y merched hyn; y bordydd hyn,* although colloquially and in certain constructions, e.g. *Arhoswn fan hyn,* 'hyn' may refer to the singular.

    A COLLECTIVE NOUN is a singular noun (masculine or

feminine) naming a collection of people or things, e.g. *torf; pobl; had; byddin.*

2. An **ADJECTIVE** describes or says something about a noun, e.g. *car coch; menyw dew; dyn tal,* where 'coch', 'tew' and 'tal' are adjectives. Different forms of the adjective may be used to describe the degrees of difference that occur when comparing things, one with another, e.g. if you wished to describe how good something is when compared with two similar items: *Nid yw hwn cystal â'r ddau arall, mae hwn yn well ond dyma'r gorau.*
    There are four degrees of comparison in Welsh:

Positive	Equative	Comparative	Superlative
mawr	cymaint	mwy	mwyaf
da	cystal	gwell	gorau
cain	mor gain	mwy cain	mwyaf cain
gwyn	cyn wynned	yn wynnach	y gwynnaf

In addition to describing the biggest, best, worst etc. the superlative degree in Welsh may also be used to emphasize quite how large, good, bad etc. is the object described, independent of any comparison with anything else. When used in this way, it can result in Treiglad Meddal, e.g. *Ardderchocaf Frenin; Parchedicaf Dad,* whereas the superlative degree when used in comparison does not normally cause a mutation.

3. A **VERB-NOUN** is the name given to an activity or an action. Sometimes the action is obvious as in *rhedeg* or *gweithio,* other times it is less obvious, e.g. *bod* or *byw.*
    It is called a verb-noun because although it normally corresponds to the infinitive in English, e.g. *rhedeg* 'to run' or *gweithio* 'to work' (N.B.: the 'to' is included in the verb-noun and does not require an independent translation), in Welsh, it can also function as a **noun,** e.g. *y canu da; y darllen gwael.*

4. A **VERB** is a form of the verb-noun which tells you WHEN some activity took place and usually WHO undertook such action, e.g. *Gwelodd Dafydd*; *Af i*; *Bydd Mair yn hapus*, where 'gwelodd', 'af' and 'bydd' are verbs.

The PERSONAL form of the verb contains information about the person(s) who undertook the activity (as in the examples above).

The IMPERSONAL form of the verb only informs us of WHEN an action occured (past, present, future etc.); it does not tell us any thing about WHO undertakes the action, e.g. *Adroddir yn y papur*; *Dywedwyd wrtho am adael*; *Bydded hysbys.*

In Welsh the verb occurs in two forms:

The INFLECTED or short form, e.g. *af i, ei di, â ef* etc. in which the WHEN and the WHO (with the exception of the impersonal forms) are contained without the necessity for any other additions, e.g. *af; gwnawn; dewch.*

The PERIPHRASTIC or long form uses a form of 'bod' *plus* 'yn' *plus* the verb-noun, e.g. *Byddaf yn mynd*; *Yr ydym yn gwneud.*

5. The **DEFINITE ARTICLE**, 'y', 'yr' or 'ʳr', indicates a particular or specific noun. There is no indefinite article ('a' as in *a man*) in Welsh. Thus *Gwelodd Mair ddyn* refers to *a* man (as opposed to, say, a rabbit or a sheep); whereas *Gwelodd Mair y dyn* refers to a particular (previously mentioned) man.

6. **PREPOSITIONS** are used to indicate the relation of a noun or pronoun to some other word in the sentence. In the sentence *Mae'r dyn . . . y car*, 'yn', 'ar' or 'dan' could be used to show the man's situation in relation to the car; 'yn', 'ar' and 'dan' are prepositions.

7. An **ADVERB** is a word or phrase that adds to our knowledge of:

1. a **verb**
2. an **adjective**
3. another **adverb**

Its most common function is to describe or qualify the verb, and its most common form consists of 'yn' *plus* an adjective, e.g.

Rhedodd yn dda; *Awn yn gyflym*; *Rwy'n mynd yn fore*. However, it is by no means limited to this form, e.g.

1. *Cyrhaeddodd ddoe*; *Fe'th welaf cyn bo hir* (qualifying a verb).
2. *Da iawn*; *y gwaethaf erioed* (qualifying an adjective).
3. *Unwaith eto*; *llawer mwy* (qualifying another adverb),

eisoes, y llynedd, ar frys, o gwbl, o'r gorau, iawn, ofnadwy, y naill . . . y llall are all adverbs, and as such are sometimes more difficult to recognize than some of the other parts of speech.

8. **NUMERALS** fall into two broad classes:
   CARDINAL NUMERALS *un, dau, dwy, tri, tair* etc.
   ORDINALS which indicate the order in which things occur, *cyntaf, ail, trydydd* etc.
   a COMPOSITE NUMERAL is one made up of other numerals, e.g. *un ar bymtheg*; *deuddeg ar hugain*; *un ar ddeg a thrigain*.

9. The **SENTENCE** falls naturally into two parts:

10. The **SUBJECT**, i.e. who or what undertakes the action of the verb. Sometimes the subject is named, e.g. *Enillodd Ifan y ras*, where *Ifan* is the subject. However, in Welsh, the subject may be contained within the inflected form of the verb, e.g. *Gwelais long ar y glas li*, where the subject ('fi' or 'i' rather) is implicit in *Gwelais*.

11. The **PREDICATE** is that part of the sentence which refers to the subject. Normally the main verb will be found in the predicate. In the two examples quoted above, *Enillodd y ras* is the predicate in the first, and the whole of *Gwelais long ar y glas li*, the predicate in the second.

12. The **PREDICATIVE 'YN'**. In order to distinguish between the different functions of 'yn', the 'yn' that precedes the verb-noun is called the PREVERBAL 'YN', e.g. *Bydd yn canu*; *Rwy'n mynd*. That 'yn' which comes before a noun or adjective and tells us about the subject (cf. 11 above) is known as the PREDICATIVE 'YN', e.g. *Mae Elen yn dda*; *Mae Caerdydd yn ddinas*; *Rwy'n ddrwg*. When this predicative 'yn' precedes an adjective which describes a verb, it can be specified as the ADVERBIAL 'YN' (cf. 7. above), e.g. *Mae*

hi'n rhedeg yn dda; Canodd yn uchel. In *Mae'r ci â'i ben yn y tun; Mae ef a'i ben ynddo; yng Nghaerdydd,* 'yn' is a preposition.

13. the **OBJECT** of a verb is the noun (or that which takes the place of a noun) which is affected by, or in receipt of the action of the verb. In *Gwelodd John bêl; Dawnsiais walts; Rwy'n ei charu,* 'pêl', 'walts' and 'ei' are the respective objects.

14. A **NOUN CLAUSE** is a clause which takes the place of a noun in a sentence, particularly if the noun is the object of the sentence, e.g. in the sentence *Mae'r athrawes yn dweud stori,* 'athrawes' is the subject and 'stori' the object. However, in the sentence *Mae'r athrawes yn dweud fod darllen yn bwysig,* the clause 'fod darllen yn bwysig' is the object. This is the noun clause.

15. A **NOUN-PREDICATE SENTENCE** is a sentence without a verb, or more correctly, a sentence with no verb in its predicate. It is not a common construction, and is most often found in proverbs where it conveys the timelessness of the truth enshrined in the proverb, e.g. *Hir pob aros; Cyfaill blaidd bugail diog.* However, the purpose of a verb is to indicate WHEN something occurred, and if it becomes necessary to give an indication of time or tense in this construction, the various forms of 'bod' are used, e.g.*Hir* **yw** *pob aros; Hir* **fu** *pob aros; Hir* **fydd** *pob aros.*

16. The **GENITIVE** is a constuction which denotes ownership or a sense of possession. In Welsh this can be shown by placing together two nouns or a noun and a verb-noun, e.g. *cap bachgen; merch bugail; calon mam.* HOWEVER, a noun following another could well be describing the first noun, e.g. *cwpan te* (i.e. 'a tea cup' not 'a cup of tea'); and certainly 'pridd' and 'gwedd' in the following examples are descriptors rather than denoting any sense of possession: *bwthyn pridd; padell bridd; ceffyl gwedd; caseg wedd.* It will be noted that the noun following a feminine noun does not mutate in the genitive construction, e.g. *merch bugail; calon mam;* whereas in the 'adjectival' construction such a noun/verb-noun would mutate (in the same way that an adjective would), e.g. *llwy de; cymanfa ganu.*

91

Another feature that distinguishes between the two constructions is the location of the definite article (y). Neither *'y cap bachgen'* nor *'y galon mam'* is acceptable as a genitive construction, whereas *y llwy de* and *y ceffyl gwedd* are the norm in adjectival constructions. At times there is but a nice distinction between the adjectival and the genitive which is not easy to spot. Consider the difference between *Siop Llyfrau Da* (a shop that sells good books–'Siop (y) Llyfrau Da) and *Siop Lyfrau Dda* (a good bookshop–'(y) Siop Lyfrau Dda) and it may be that the act of inserting 'y' into the sentence can help in distinguishing the genitive from the adjectival, thereby helping to decide whether to mutate or not to mutate, e.g. *Yr Adran Gymraeg* (The Welsh Department may be an administrative department that functions through the medium of Welsh) *Adran Y Gymraeg* (is the Department of Welsh which could teach about the language in French, Italian, German etc.); even so spotting these differences is a less than exact science!

17. **INTERPOLATION** occurs when the basic word order of the normal Welsh sentence is interrupted. The basic sentence pattern consists of verb followed by subject, e.g. *Mae ceffyl (yma)*. Anything breaking up this relationship (or if anything is interposed between verb and subject) may be considered an interpolation and is normally followed by Treiglad Meddal, e.g. *Mae yma geffyl*. The mutation in *Mae gennyf geffyl* is the result of interpolation (not the inflected form of 'gan') and as such the mutation stands in *Mae gyda fi geffyl* where 'gyda' does not provoke Treiglad Meddal.